邱德修著

魏石經古文釋形攷述

孔德成署耑

臺灣學生書局印行

周序

石經之刻，歷代多見，獨魏正始石經之異於他刻者，以其每字三書，或品式、或直下，皆古篆隸三體具呈，號三體石經。由見他刻石經，旨在規正經文，以匡傳鈔之謬失；而三體石經之刊，則要在保存異體，藉溯字指之源流也。篆隸二體，今存資料頗豐，考索不難。惟此所謂古文者，漢魏或尚習見，故得收於說文，刊諸石經也。原其時代，既以異於篆隸，固不下於秦漢，然亦不得上越殷墟卜辭；故即以為周秦之間，上承卜辭文字，旁及鼎彝銘文，而下及秦篆漢隸之津梁，殆不為過也。今之欲明文字源流者，寧得舍此而猶奢言貫通者乎？是則古文形構之研究價值於茲可見矣。惜今所見此類古文，除許氏說文稍收外，餘惟求之魏三體石經而已矣。則三體石經於保存字體之功實不可沒也。然而叔重嘗謂古文為孔壁中書，近人王氏國維亦以魏石經之古文出於壁中，余意未必盡然也。當秦火之焚，天下知藏書於壁中者，未必止孔氏一家而已；至漢惠文之際，除挾書之律，開獻書之路，鄉野老屋，皆有古文經書之出世，未必止孔壁一處而已。魯恭之壞孔壁者，或以此發書最夥，因乃見諸記載，非此外「別無古文」也（王國維語）。孔壁所得，安國當時未即獻諸朝廷，其後藏於祕府，伏而未發；是世人罕見其書矣，倘使別無古經傳本，劉歆時何來魯國桓公、趙國貫公、膠東庸生之遺學？且自東遷之後，民間古文學已盛行；至於官學相抗，勢非一蹴而就，而其來有自，傳本不一者，蓋可以想見也。是則漢魏間所見古文資料，必不在少，惟後世失傳為甚可惜也。今既有魏石經古文之可尋見，猶得窺知其形貌為甚可喜也。邱君德修從余遊者有年，篤志向學，惇厚勤勉，既撰「說文解字古文釋形考述」一書行世，復修「魏石經古文釋形考述」。雖猶未竟全功，然其志行賡續，終期有成；更擬勉之由是而通經體道，以光大我傳統之學術文化為歸趣，因樂為之序。

民國六十六年二月　周何

自序

石經者，為昔日官修經典定本刻於碑版者也。東漢有熹平石經之作，此今文經刻石之始；至魏正始間，復有三體石經之鐫，此古文經銘刻之始（本王氏國維魏石經考之說）。茲後，歷代繼起，各有製作，備載史志，無庸詳論矣。

魏石經，一名三體石經，又名三字石經，名雖稍異，其實一也。所謂三體者，係指所刻恒以古文、篆文、隸書三體出之。蓋不但有功於經文之匡正校定，且於許叔重所謂之「古文」保存實多。今所見說文解字傳本至蚤者僅止於李唐，如有清莫氏友芝所刊唐寫本木部殘卷，及晚近出於東瀛之口部殘簡，如是而已矣。至許書全貌惟見於宋刻者耳。是刻，既經李陽冰改竄，又由歷代傳抄轉刻，於許君所收古、籀、篆之初形原皃，自有失真之虞。故清儒對許書所刻之重文，疑信參半之說，屢屢披諸楮墨之間。

自清光緒二十年，於洛陽龍虎灘民家牛舍瓦礫中發見魏石經殘石以來，是類資料出土之消息時有所聞，拓本日積月累，寖漸多矣。曹魏時所刻古篆，歷千數百載，赫然復現於案端。於是治斯學者，隨有所見，王國維、羅振玉、章太炎、孫海波諸家，由是其著者也。

魏石經之出土，疏理至今，除於經文之校正、碑數、字數有所依據外，尤於古文字學之探究復見蹊徑之開闢。即後者言，約有以下數端，有待闡明者：

一曰　確定許書古文之真實

清儒於許書古

文頗有微詞，惟即魏石經古文觀之，漢魏之際「古文」既實存於經典之中，則許書古文當有所本。其中或有差異，亦非許君之罪，疑或陽冰所改或轉刻之訛，或傳鈔之失耳；未必漢人所偽作，更非後人所增者也。

二曰上溯甲金文之津梁　今之研究文字學者，每拈一得以自是，或獨依許書而不聞問甲金文，或據甲金文以駁斥叔重，乃有自是其是，而伐人之異，終至水火不容，冰炭相尅之境地。實則中國文字係一脈相承，今之所以有甲骨、金文、古文、籀文、篆文之門類者，實緣於研究之方便非可任意分割；蓋二者合則全美，離則兩傷。尤其魏石經之出土，已足證明許書非妄，則許書、石經之古篆，固可資以為上溯甲骨金文之津梁，由是以擇其原流，究其原委焉。

三曰撢究六國文字之基礎　六國為中國社會劇變時代，基於如是時代背景，當時文字自亦複雜多端，筆畫若鳥似蟲，簡牘訛變，不一而足，是以六國文字最為難認。今有古、篆、隸三體對照之石經出土，實為撢討六國文字最佳之基礎。夫石經古文，多可與六國文字相銜接，尤以楚文字為最，而六國文字中今所能見者，以楚文為至夥，如能藉石經古文考述之成績，直通楚文字，則楚文之疑難或可迎刃而解。如此六國文字之辨認與說解，自亦過半矣。

四曰下推篆隸之變之準繩　秦漢之際，篆隸之變，中國文字由方圓變為曲直，自綫條而用波磔，於文字之偏旁，聲符之經營，亦有異常之改變，後人之每易誤說誤解者，職由斯故。今得魏石經而有篆隸之比勘，於其變化自可一目瞭然再以居延、武威、銀雀山諸漢簡，馬王堆諸帛書與許書相參照，則秦漢文字必能更具系統化，要易辨認瞭解，對秦漢文化之心得，必可超邁前修。

辛亥初冬，承林師景伊之命，攻治許學，又蒙周師一田之指導，對許書古文粗具根基；復搜羅兩宋以來字學諸書，校覈甲骨、金文、楚簡、鉨印、封泥、帛書、瓦當、石刻諸文，以實物資料與傳世資料相印證，終於甲寅仲夏撰成〈說文解字古文釋形考述〉一書。於許書古文形構，乃至其初形本義，均不憚其煩，探究論辯，期能有較明確而可信之結論。去春，有感於魏石經古文之價值，與許書等；且夫二者皆係鑽研古文字之關鍵，而王、羅、章、孫各家之作，於石經古文之形構，常略而不言。因不揣譾陋，蒐集整理，排比分析，復博采甲骨、金石、竹帛、封泥諸實物資料，旁參鄉書，徵考文獻，遂字加以考述，都為一集，付梓問世。然資質駑鈍，學植欠深，疏陋在所難免。尚祈學者方家有以正之。本書既承孔師達生惠賜題耑，又蒙周師一田賜贈序言，使覆甕之作，因遂敢以問世，謹申謝忱。

丁巳仲春　邱德修序于萬盛橋畔

魏石經古文釋形考述　目次

考述目錄

92. 丑 278	85. 咺 258	78. 聘 240	71. 怒 225	64. 畏 201	57. 宰 176	50. 佰 157	43. 夏 136	36. 刺 116	29. 惠 090	22. 事 065	15. 得 044	08. 歸 019	01. 瑕 001
93. 酉 280	86. 陟 260	79. 如 242	72. 繹 227	65. 厥 205	58. 圉 179	51. 朝 159	44. 韋 140	37. 鄭 117	30. 予 092	23. 殽 069	16. 嗣 046	09. 迪 021	02. 中 004
94. 配 284	87. 陳 263	80. 民 243	73. 淫 229	66. 迷 210	59. 甸 181	52. 遊 164	45. 佫 141	38. 功 121	31. 亂 101	24. 殺 071	17. 革 048	10. 遷 031	03. 莒 006
	88. 甲 264	81. 弗 244	74. 冬 231	67. 逸 212	60. 泉 183	53. 多 165	46. 才 147	39. 寧 124	32. 受 103	25. 燮 073	18. 商 049	11. 隧 033	04. 蔡 009
	89. 丁 267	82. 戰 245	75. 震 232	68. 戾 217	61. 襄 186	54. 克 168	47. 扈 150	40. 會 128	33. 薨 106	26. 敗 077	19. 信 054	12. 遠 036	05. 若 011
	90. 戊 271	83. 戚 252	76. 聽 235	69. 狄 218	62. 允 195	55. 年 170	48. 提 152	41. 侯 129	34. 則 108	27. 庸 083	20. 反 058	13. 復 038	06. 春 013
	91. 癸 275	84. 訴 255	77. 聞 238	70. 德 223	63. 乂 196	56. 秦 173	49. 晉 155	42. 來 132	35. 割 111	28. 烏 089	21. 叔 060	14. 後 042	07. 葬 017

圖版

圖版叁　魏三體石經春秋僖公文公兩經拓本（已裂本）

圖版貳 魏三體石經尚書無逸君奭兩編拓本(已裂本)

圖版壹　魏三體石經春秋經拓本（未裂本）

圖版肆

魏三體石經尚書無逸君奭兩編

中研院史語所傅斯年圖書館所藏拓本

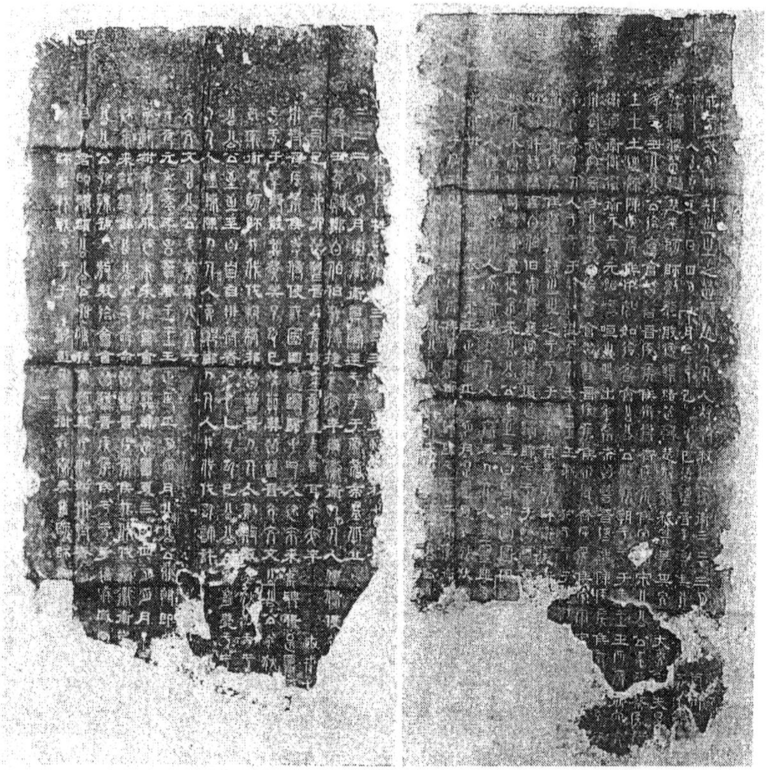

圖版伍　魏三體石經春秋僖公文公兩經
中研院史語所傅斯年圖書館所藏拓本

圖版陸　章太炎先生藏魏三體石經
尚書無逸君奭兩編拓本

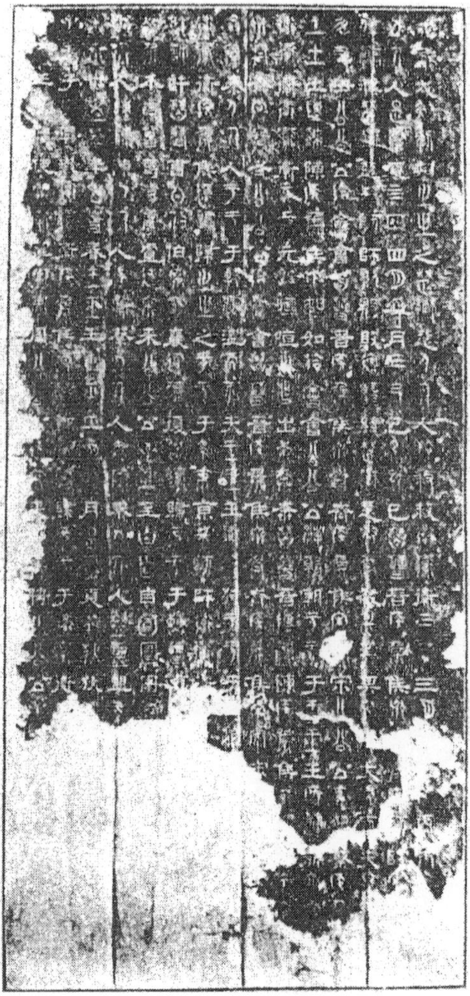

新出三體石經拓本之二春秋僖公經文公經文章太炎先生藏

圖版柒

章太炎先生藏魏三體石經
春秋僖公文公兩經拓本

圖版捌　魏三體（正始）石經尚書

多士編殘石拓本

魏正始石經春秋(文公)殘石

圖版玖　魏三體(正始)石經春秋文公經殘石拓本

圖版拾

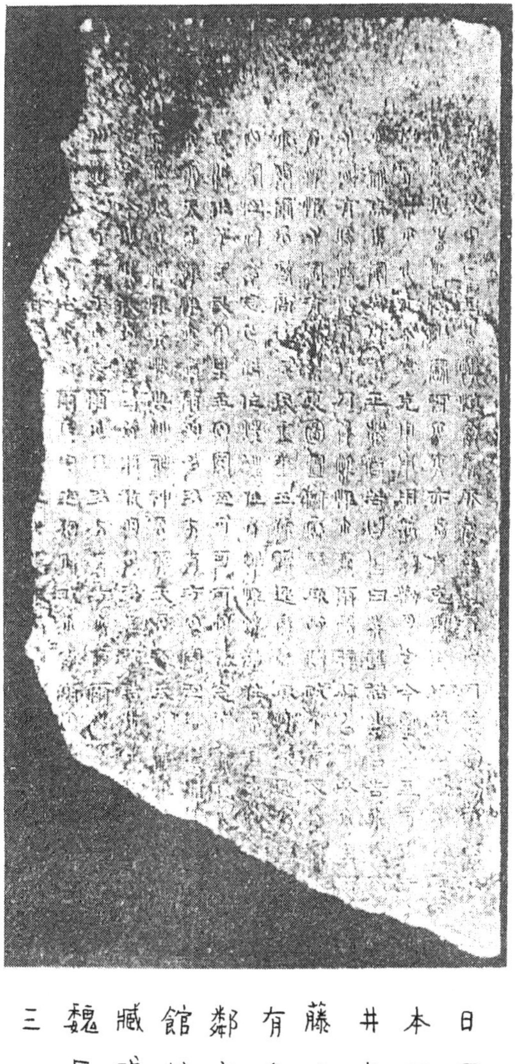

日本井藤有鄰館藏魏三體
石經尚書多方編殘石

圖版拾壹　日本井藤有鄰館藏魏三體石經尚書多方編殘石拓本

圖版拾貳

中研院史語所傅斯年圖書館藏魏三體石經品字式殘石拓本

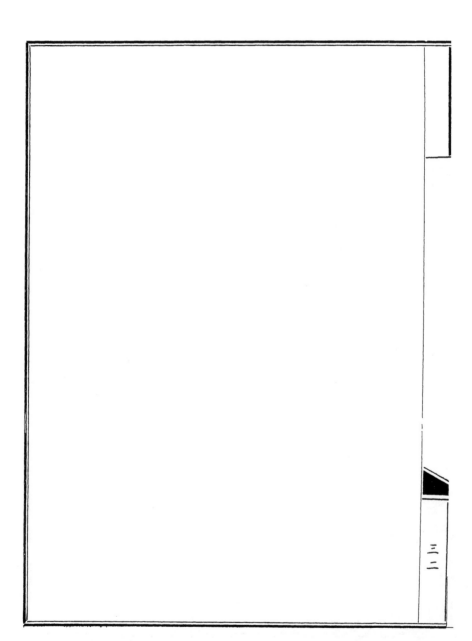

一、本書顏曰「魏石經古文釋形考述」者，乃承襲拙作「說文解字古文釋形考述」一書而來，主旨端在石經古文構形之擘究。所收石經古文悉依說文解字卷次、部首、字秩分條序列。石經古文有直式三體石經之古文，有品式石經之古文，有古篆兩體石經之古文，細分之有別，統言之則無異，本書遂以「石經古文」顏之也。

二、本書所收石經古文，均以出土者為限，隸續所載及後人本隸續而作說解者均不與焉。

三、石經古文研究考釋者為數蓋鮮，本書所錄有王氏國維魏正始石經殘石考，簡稱「王說」；章氏炳麟新出三體石經考，簡稱「章說」；孫氏海波魏三字石經集錄，簡稱「孫說」；商氏承祚石刻篆文編，簡稱「商說」，凡四家，徵引時亦以王、章、孫、商為序。或有其他有關石經古文之著作，為本書所未收者，蓋限於見識，容後增補。

四、本書以說解古文之形構為主，至於篆文，乃至經義，有待繼續鑽研；倘有心得，當另成專書，於此暫作割愛。

五、本書所依據古文，以孫、商二家為主，孫氏者為原拓本，商書則為雙鉤摹本，均甚精審。

六、本書首列阿拉伯字碼以便索引，次述各家說解，再考其形構。為使全書眉目清楚，于述各家說之前，冠一「述」字，外加中括號〔 〕示之；于考其形構之先，冠一「考」字，以小括號（ ）括之。考釋形構，首列許書，蓋古經古文與許書古文可互為表裏，彼此發明者甚夥，是故首陳許說。次引石經經文，以明其詞句；再出其古文與篆文。有甲骨、鐘鼎、古鉢、陶帛、泉幣、竹簡……等實物文字可資佐證者悉徵引之，再羅列各家于此文初形本義之解說，末斷以己意，以確定其初形本義；再徵信古文形構之來由，以明其統緒。

七、本書所采說文解字以藝文印書館影印日本岩崎氏靜嘉堂所藏陸氏心源皕宋樓珍藏北宋十行小字大徐本為主，兼取說文解字詁林之景宋大徐本說文以為參校，復取有清道光十九年壽陽祁寯藻之仿宋刻本說文繫傳參見異同。凡二徐所作有異，則附案語以明其是非。

八 凡所采甲骨文字多依孫氏海波甲骨文編（民國二十三年版，為與民國五十三年再版者別異，因冠以「舊」字），金祥恆先生續甲骨文編，五十三年版甲骨文編（藝文印書館名之曰校正甲骨文編，與該書原名不符），如有疑異，則覈校原書，加以比勘。唯有關甲骨文字拓片之書，篇帙繁重，不能悉用全名，故皆用省稱，至於其對照表，詳「參考資料」。

九 凡所采金文取自吳氏大澂說文古籀補，丁氏福保說文古籀補補，強氏運開說文古籀三補，容氏庚金文編、金文續編，羅氏振玉三代吉金文存，于氏省吾商周金文錄遺等書。

十 凡徵引前修之說及所采璽印、泉幣、楚繒書、鄂君啓節、楚簡、匋文、石鼓、石刻諸文字，均注明出處與卷頁，且咸用全名。

十一凡論反聲韻所據之反切，係采段氏說文解字注所逐錄之大徐標音，若段氏闕空，則依澤存堂藏版宋本廣韻為準。

十二凡論古聲歸類以蘄春黃先生古本聲十九紐為主（詳謝師一民蘄春黃氏古音說），惟其中略有取舍之不同者：

(一)喻、為二紐字，黃先生原列入影紐之變聲，今依曾氏運乾喻四古歸定，喻三（為）古歸匣說，（見曾氏喻母古讀考，載東北大學季刊第一期）。

(二)邪紐字黃先生原列入心紐之變聲，今依錢氏玄同及戴君仁先生說以之歸定紐，（錢說古音無邪紐證，見師大國學叢刊；戴說古音無邪紐補證，見輔仁學誌十二卷一、二期合刊）。

(三)群紐字黃先生原列入溪紐變聲，今依陳師伯元以之歸匣紐，（見古音學發微）。

十三凡論古韻分部，除另有辨說者外，悉依段氏六書音韻表所分古韻十七部為準。

十四本書所論，僅及石經古文總數六分之一之譜，其餘者限於時日，暫置不論，來日或竟全功，再出版續編，并作總結，以就教於博學鴻儒，海內碩彥。

考述

01. 瑕

〔述〕

△𤨣(瑕) 从𠬝，與說文篆、古二體並小異，曾伯霥簠段作𠬝。（王說、頁三三四二）

△公子瑕，瑕作𤨣。

晉姜鼎段作𠬝，此筆勢小異。（章說、頁五十三）

△𤨣(僖卅瑕) 按古鉨作瑕，與此少異。（孫說、頁一下）

（考）說文解字一上玉部：「瑕，玉小赤也，从王段聲。」（頁五上）「段」字，許書三下又部：「段，借也。闕。𠬝，古文段。段，譚長說段如此。」（頁五下）石經僖公：「公子瑕」，古文作𤨣，篆文作瑕。此王氏所謂「从𠬝，與說文篆、古二體並小異」者也。考金文有「段」無「瑕」字，作𠬝（曾伯簠），𠬝（寰盤）、𠬝（禹鼎），𠬝（師寰簋），𠬝（曾伯陭壺），𠬝（盠方彝）（金文編三、二五）等形。由此則可補證章說者也。璽印作瑕（瑕立邑令、封），瑕（瑕裏、集）（璽印文字徵第一、頁五下）則可佐孫說之未備矣。唯「叚」字形構，三家均未遑言及，似有不足。「叚」字首見於金文，次見於古璽，再見於許書。說解其本義者，有以下數家，如：林氏義光謂字从爪又，象二手相付形，从石省，石或作厂，即古籍字，籍人所有為己之用，故謂之借（見文源）。高田忠周氏以為叚字从叏，疑叏省文，叏援古今字，援者，引也，助也，乞援助以為我，此謂之叚。𠂆亦或耑省，耑者始也，轉為本也。又為事業義，借他人手，以援助我事業，从叏耑會意耳，（見古籀篇五十六、頁三）。柯氏昌濟則謂象以手礙石之形，（見韡華閣集古錄跋尾丙篇．頁一四下、師寰敨）。丁氏山云：以金文叚，大抵从𠂆从爪从又觀之，……𠬪許君作𠬪，云：物落上下相付也；九經字樣叙从叏云：上下相扶持也，叚之从𠬪者，蓋取相扶之意。𠂆者，厂之古文也。厂，山之崖巖也，亦象懸空之狀。大山嵁巖懸崖峻阻之下，顛危甚矣。濟危扶顛，蓋叚之本義，（見說文闕義箋、頁一四）。林氏芳圃謂字象厂下取石，兩手相付之形，（殷周文字釋叢、頁一二九）。諸家於「叚」字之「𠬪」形說解為「𠬪」字均無異說，所異者在「𠂆」之形構也，或謂岩省，或云石省，或訓山之崖巖之厂。其中岩省說不可从，其理甚淺，毋庸論辯。唯从「厂从石省之說，二者相因，易致混淆。主从石省者，謂「石或作𠂆」（見文源）；主从厂者謂：「卷九石下云：山石也，在厂下之口，象形。從石之聲，其古文則𠂆，魯大司徒匜礪傍之石亦作𠂆，是知石之古文或作𠂆，厂之古文亦可作𠂆矣。」（說文闕義箋、頁一四）細究从叚聲之形聲字，如：嘏，大遠也；椵，椵本可作牀几，爾雅櫠椵注：柚屬也，子大如盂，皮厚二三寸，中似枳，合之少味。朱氏駿聲按：椵葉似桐甚大，陰廣其下，（見說文通訓定聲豫部第九、頁十九）；豭，牡豕也；麚，牡鹿也；鍛，錏鍛頸鎧也等字，均有高、大、遠諸義。以此類推，則「叚」字當从「厂从𠬪」為形構，丁氏說是也。石經古文「瑕」字所从作叚形者，乃自金文變化而來，乃省略作夕形，餘則近似耳。至於與小篆殊者，小篆置玉旁於段字之左，而古文則在尸形之下矣。

02. 中

（述）

△□中　此字古文異體甚多，惟卜辭之□，石鼓文及子禾子釜之□，與此略同。說文古、籀二體，皆失之。（王說、頁二二五）

△中宗、中作□。

此篆隸乃作仲，而古文仍作中，上從壁中真本，下從師讀也。西嶽華山碑亦以仲宗為中宗，蓋從古文尚書師讀，彼碑引周禮，左氏皆古文（章說、頁三十二）

△□中堯典　無逸　按說文中古文作□，籀文作□。徵之古文、甲金文中作□□□，其斿中曲。晚周文字中都幣作□，鉨文作□□□，匋文作□，其斿平直，此六國文字之特徵也。（孫說

、頁一下）

△甲骨文作[字形]。（商說、卷一、頁一八下）

（考）說文解字一上丨部：「中　而也。从口，丨，上下通。[字形]古文中，[字形]籀文中。」（頁七）石經無逸「自朝至于日中昃」，古文作[字形]，篆文作中。王氏蓋指此而言。章氏謂篆隸以作仲，而古文之作中者，為上从壁中真本，下从師讀是也。「中」之本義為旂旗之類（見殷虛文字記、頁四○一一）蓋古文樸質，文字未繁，故「伯中」、「日中」之「中」悉叚借「中」字為之，其後民智寖開，飾偽繁生，而有从人中之「仲」字矣。（說詳拙作說文解字古文釋形考述頁一一五一一七）。而石經古文作[字形]者，自金文雙斿者，如[字形]（中鉦），[字形]（頌鼎），[字形]（蔡侯鐘）減省而來；蓋戰國以前金文「中」字多上下各二斿（僅盂鼎二例外作三斿），且夫其斿中曲，妖嬌生姿，若飄拂狀。至子禾子釜「中」字之斿則已直綫化作[字形]形，至中○官鼎又省作[字形]形，蓋石經古文之所本也。至於古文字「中」之討論，請參

中

有拙作說文解字古文釋形考述、頁一一二|一一五，此不復贅言。

03. 葛

（述）

△𦼮 葛 此字不知所从。（王說、頁三三四二）

△葛作𦼮。

古銅器中彡變作𡿨，是艸部字，葛從艸，從山，從古文糸。葛、山產也。地官掌葛曰，掌以時徵絺綌之材于山農。從日，手采之也。（章說、頁五二）

△𦼮 信芄 葛 按說文葛字無古文，此字偏旁不知所。汗簡引字罕集林古文葛作䔊，與此相似。（孫說、頁一下）

（考）說文解字一下艸部：「葛 絺綌艸也。从艸曷聲。」（頁五）石經僖公：「介葛盧來」，古文作𦼮，篆文作葛。章氏說解字形，吻合本義，誠屬發明，千古不逾。唯謂「古銅器中彡變作𡿨」，則稍欠安妥。考金文从「屮」之字作𡿨者僅「每」一字，如：𣥆（杞伯簋），𣥆（杞伯鼎），𣥆（杞伯壺），毋（杞伯壺）（金文編一、一四）等是。而此字从「屮」作於義不可通，蓋字本象毋形，而屮者象其笄也，與屮無涉，故杞伯壺既作𣥆又作毋形可徵。故容氏庚謂：「省作毋」（同上）是也。斯理與「妻」字甲文作妻（後下10.15），妻（新5080），妻（新517）形者同（說詳拙作說文解字古文釋形考述「妻」字條、頁九三五－三九）。實則古人表示植物之義，可从屮、从艸、从木、从竹、从禾諸形均可通，而非「屮」多變作「禾」也。如「來」乃麥之本字（說詳拙作說來解麥），金文作來（般甗），來（逨之偏旁）（金文編五、三七）；「華」為「花」之本字，作華（命簋），華（克鼎），華（華母壺）（金文編六、一四）；來、華屬植物類而均可作禾形。而來又可省作禾，與木又可通，如釐字，金文从「來」作釐（師西簋），釐（善夫克鼎），釐（師兌簋）；可省作釐（無㠱簋），釐（[illegible]鼎）；从木作釐（曶壺），釐（叡編鐘），釐（康鼎）等形（見金文編十三、一二）。由是可知石經古文「葛」字上所作□形者，象葛花實垂落形，本不从艸也。再者葛為藤本蔓生植物，長八至十公尺，塊根肥厚。莖上生有硬毛，托葉卵狀矩圓形，小葉三片，頂生者菱形；側生者二，偏斜呈斜闊卵形，（詳中國藥材學上冊、頁五六四）。其表皮纖維豐富為古代製作葛布之主要原料，是故字从古文糸，所以示其特質。其藤延綿數尺至數丈，采剝其皮時，實非一人之力所能及，故字从四手作□形，示二人合力取8（糸＝絲）者也。比有若甲文「協」字从三手作□（鐵62.1），□（後1.19.6）；若□（前4.31.1），□（粹203）形（甲骨文編十三、十一）；及「與」字金文作□（齊鎛）；「與」字作□（與壺文），□（父辛爵），□（禹攸鼎），从四手等同理也。至於汗簡作□者，从艸實从篆文所作同化，而□則自□簡化訛變，因又自□訛變，从「山」而誤作□形矣。孫說「所」字下似缺一「从」字，又汗簡引「林罕集字」誤作「字罕集林」，或是一時疏失所致。

04. 蔡

〔述〕

△杀𥻍　說文殺部杀古文殺，以殺為蔡者，尚書竄三苗于三危，孟子引作殺三苗，殺者竄之假音。竄，古讀七外反。左氏昭元年、定四年傳：「而言周公殺管叔而蔡蔡叔」，又以蔡為竄。釋文蔡、說文作𥻍，今說文雖無此語，可知殺、蔡二字同音，可相通假矣。（王說、頁三三三九—四〇）

△蔡侯、蔡作杀，蔡人同。

此古文殺字，殺、蔡聲通相借：如殺三苗，蔡蔡叔，並借為𥻍是也。孔沖遠說蔡蔡叔云：隸書改作𥻍字，全類蔡字，此則不然，正以古文重寫杀字，上杀借為𥻍，下杀借為蔡，隸寫者遂亦重寫蔡字，而於音義分別之爾。禹貢：三百里蔡，馬云：蔡，法也，受王者刑法而已。亦即蔡蔡叔義，恐古文本亦作杀，師讀蔡也。隸續、古文四聲韻，此字篆寫小異。（章說、頁四八）

△朩（僖廿八 蔡）桉說文：蔡，艸也。从艸，祭聲。金文蔡大師鼎作夲，蔡子口匜作夲，蔡姞簋作夲，蔡侯匜作夫，蔡侯戈作夲，獻鐘作夲夲，並與此同。其形未詳。說文殺部古文杀以蔡為殺，考古書蔡、殺多通用：尚書竄三苗于三危，孟子引作殺三苗；左氏昭元年傳：周公殺管叔而蔡蔡叔，是知蔡、殺同音，可假借矣。（孫說、頁二）

（考）說文解字一下艸部：「蔡，艸也，从艸祭聲。」（頁六下）石經僖公：「蔡人」，古文作𡘦，篆文作蔡。蔡、殺、[殺示]、竄古音本同，可以假借。昔王氏念孫為段氏若膺序說文解字注，嘗云：「吾友段氏若膺於古音之條理，察之精，剖之密，嘗為六書音均表，立十七部以綜核之，因是為說文注。……於許氏之說，正義、借義知其典要，觀其會通，而引經與今本異者，不以本字廢借字，不以借字易本字，揆諸經義，例以本書，若合符節，而訓詁之道大明。訓詁聲音明而小學明，小學明而經義明，蓋千百年來無此作矣。」王氏闡明識本字、通借義之要旨，實古今不易之理。石經古文「縈」字，有「縈人」「縈戾」義，於尚書則作殺、竄義，雖通借義，如不識本字，則不明其本始，不明其本始，輒無法確認何者為本，何者為借矣。按孫氏有「其形未詳」之憾，而章氏僅言「此古文殺字，殺、縈聲通相借」耳。考縈字之古文作豕者，乃「希」之古文，字象脩毫獸形，即野豕之屬，其性好殺，故假借而有殺義，而其音同縈，故借為縈地之縈（說詳拙作說文解字古文釋形考述、頁三八七－九二），蓋縈人或以之為圖騰，至於其詳，有待細考。

05. 若

〔述〕

△ 若　字當作或均見卜辭，象人奉手跽足，唯諾之狀，故古若諾一字。曶鼎彔伯敦作，與此字上半形近，而此誤多二筆，其下从女，女之字，亦本象跽足之形。（王說、頁二二三

二二－二二三）

△若皆作[字形]．

此字石經凡四見，上端皆作[字形]，非艸、非叒，與說文若、桒二字皆不似。蓋從屮，從古文襄省聲，襄古音如穰，與若雙聲對轉，說文云：禾若秧穰是也。說文叒字形應作[字形]，如戴侗說。此作[字形]者，即[字形]形之變，上從叒，下從襄省聲，吳承仕附記。（章說、頁二十）

△[字形]若 多士 無逸 君奭 桉若字金文作[字形][字形][字形]，甲骨文作[字形][字形]，並象人跽跪，兩手扶其首之形。此字从[字形]，即兩手；屮象人首；甲金文从厶，而此从屮者，蓋古文从人之字與从女無別也。（孫說、頁二）

（考）說文解字一下艸部：「[字形] 擇菜也，从艸右；右，手也。一曰杜若，香草。」（頁七下）石經多士：「王若曰」，古文作[字形]，篆文作[字形]。章、吳二氏說解石經古文「若」字之構形均非。王說是也，尤以孫說最為詳贍。唯[字形]字之屮不僅象人首，亦似長髮披散，兩手上束，髮指而立狀。[字形]則自[字形]簡化而來，誠如許君所謂左右手也。奉手跽足，汗水潸潸，故左右有王氏所謂「多二筆」者，實非有所誤，蓋石經寫實者耳。至若厶與戈互易者，此古文字之通例，古者偏旁未固定前，往往若是，其例俯拾皆是，不繁彈舉。魏若字殘石「若」字作（見石刻篆文編卷一、頁二二下）之卩，即自[illegible]而變也。許君釋「若」字為擇菜，蓋自𠂇又譌誤作艸，而始有斯義之發明，本與「擇菜」無涉也。

06.春

〔述〕

△旾 春 此字从日屯聲，敦煌本尚書釋文、及書古文訓乃譌作旹。（王說、頁二三四二）

△春秋、春皆作旾。

從屯日、首艸，說文隸誥字已然。（章說、頁二〇）

△旾 莊艹文元 春 按說文：春，从日从艸，屯聲。此不从艸。（孫說、頁二）

△汗簡引作□，隸續誤為□□，敦煌尚書作旾。（商說、卷一、頁三下）

（考）說文解字一下艸部：「萅推也。从艸、从日，艸春時生也，屯聲。」（頁九二）石經文公：「元年萅」，古文作□，篆文作萅。甲骨文有「屯」字作□（甲2815），□（乙7164），□（乙3442反），□（乙4119），□（掇1.385），□（甲476）（甲骨文編一、九），諸家說解異說紛紜，如：葉氏玉森、柯氏昌濟、王氏襄，董氏作賓，魯實先先生均釋作矛若茅（葉說見殷契鉤沈及殷虛書契前編集釋五卷卅四頁，柯說見殷虛書契補釋，王說見簠室殷契徵文考釋典禮五頁，董說見安陽發掘報告第四冊帚矛說，魯說見卜辭姓氏通釋之一）；郭某隸定作勹，謂「包」字（見殷契萃編頁七四、五〇八片B辭及頁二〇三、一五二三片）；唐氏蘭以為豕形之無足而倒寫者（見天壤閣甲骨文存考釋頁二十下至二十三上）；丁氏山以為「夕」字之別體（見甲骨文所見氏族及其制度頁二一九）；胡氏厚宣釋為「匹」（見元嘉頁四二、十四片，又見武丁時代五種記事刻辭考）；曾氏毅公謂夊當為「身」之古文，象妊身形，引申之則為人之身，樹之榦，再引申之，凡物之一副者亦曰一身（見殷契綴存、頁六、十八片釋文）云云。以上各家之說，于省吾、李孝定二氏已有辨駁，其非已成定獻，自不必贅言。于氏省吾謂「夊即屯之古文也，夊與夊互見，作夊者省畫也。金文變作𡳿，凡古文字虛廓與填實同；至夊下邪橫後變為ㄩ，在古文字中彎畫與橫畫、邪畫每無定格，如前七、七、二作夊，甲一、十八、四作夊，已變邪畫為橫畫，又藏四四、四作夊，已變橫畫為彎畫，此雖不如邪畫之多，然在夊字本身中已可證明邪橫彎之無別也。」（見殷契駢枝頁一一四釋屯，又見輔仁學志第八卷二期頁八十五）其例證眾多而綦詳，其中舉粹編一一五一「于蓺東今萅」，萅即龝，此片所卜之事，言于春乎？抑離今龝乎？係萅龝對貞，既可證殷之有萅龝，又可證軘之必為萅，龝之必為龝矣。藏四、四稱「來夊」即來春，前四、六、六稱「今夊」即今春，戰二二、二稱「于[illegible]」即于昏也（同前）。屈翼鵬先生从于說，并云：「現在想來，于氏釋[illegible]為屯是對的，在字形上說，釋屯比起他家之說都合理。屯和純通用，也是沒問題的。金文裡常見「玄衣黹屯」之語，黹屯就是尚書顧命的黼屯，是很明顯的證據。……那麼「三屯」就是三包或三束；「七屯又一[illegible]」，就是七包又一片。所謂幾屯，是指幾包卜骨而言。……甲骨文中有[illegible]，[illegible]，[illegible]等字……現在看來，屯字既可以確認，則[illegible][illegible][illegible]等從屯的字都是春字，似乎也可以確認。」（跋李棪齋先生綴合的兩版「用侯屯」牛骨卜辭，原刊大陸雜誌卷三十一，三期，又收入書傭論學集、頁四三九一四〇。）

李氏孝定亦從于說，並謂「於字形，於卜辭，从夂之字，於詞例，於文義，無不兼賅。」（甲骨文字集釋、頁一八七）是也。金文承甲文而來作[illegible]（善鼎），[illegible]（善夫克鼎），[illegible]（屯鼎），乇（虢叔鐘），乇（師望鼎），屯（無重鼎），屯（頌鼎），屯（休盤）（金文編一、一三下），萅（欒書缶），萅（蔡侯殘鐘）（同上、一、一六下）等形。石經古文作旾，屯之作屮，乃上承甲金文而來者也；从日，屯聲。蓋屯叚作純義後，為示春時之義，則加「日」或「月」形以為區別，蓋从日从月均足以表徵抽象之時間。再則，春日與草木有關，即許君所謂：「艸春時生也，」故字又增艸為偏旁，此六國銘文，及小篆所以从艸作也。

07.葬

〔述〕

△𦵯葬 案說文：葬，臧也，从死在茻中；一、其中所以薦之。此字則从茻、从𣦵、从一。殷虛卜辭有𣦵字（書契後編下第二十葉），說文艸部：𦵯、古文莊，亦即此字；疑𣦵、𣨻二字，从冎在爿旁丌上，本是葬字，後乃加茻。此上从竹，亦譌。

（王說、頁三三四四）

△葬晉文公，葬作𦵏，文公經會葬同　說文：葬、臧也，从死在茻中。一所以薦之。此從古文死，茻字上作竹，古文艸竹相似也。從爿聲，臧亦爿聲也，葬之語得於臧。（章說、頁五五一六）

△𦵏葬文元　按說文：葬，藏也，从死在茻中。一、其中所以薦之。此上从竹者，蓋漢魏人傳寫之譌。汗簡引石經作𦵏，與此異；引王庶子碑作𦵏，與此同。（孫說、頁二）

（考）說文解字一下茻部：「葬，藏也。从死在茻中，一、其中所以薦之。易曰：古者葬厚衣之以薪。」（頁十）石經僖公：「癸巳葬晉文公。」古文作𦵏，篆文作葬。王氏解析葬字之形構，并詳敘其流變甚確。今依其說試列表於左，以為參考：

㱙→𣧌→𣧌→𦵏→葬

古文中从艸與从竹每每互相混用，蓋竹類亦屬植物也，故初民造字於偏旁取象時，常有艸、竹互替之現象，自非从竹乃艸之譌，亦非漢魏人傳寫之譌也。如「等」字从竹，祀三公山碑：「工宋高等」則从艸作䒭（石刻篆文編、五、一下）；「符」字从竹，開母廟石闕：「貞祥符瑞」則从艸作苻（同上、五、二）；「笄」字从竹，開母廟石闕：「木連理於芊條」則从艸作芊（同上）等例，足以徵信。由此可明石經「葬」字古文从竹作[illegible]，而篆文从艸作[illegible]之理也。

08.歸

（述）

△ 𨗼 歸 此所从𠂤字横列，與師字同。（王說、頁三三四一）

△ 歸之于京師，歸作𨗼，衛侯鄭歸于衛同。

小篆從止，此從辵。（章說、頁四九）

△ 𨗼 僖廿八 歸 王國維曰：此所从𠂤字横列，與師字同。（孫說、頁二下）

（考）說文解字二上止部：「歸，女嫁也。从止、从婦省，𠂤聲。𢋄，籀文省。」（頁八）石經僖公：「晉人執衛侯歸之京師」，古文作□，篆文作歸形。王氏謂古文所从「𠂤」字橫列是也。考許書六下帀部：「師，二千五百人為師。从帀从𠂤；𠂤，𠂤四帀衆意也。𡴇，古文師。」古文「𠂤」字可橫作，由此可徵矣。「𠂤」字在古文本直作，其後寖漸有橫斜之現象，如：「師」字師遽方彝作□，「官」字無叀鼎作□、師奎父鼎作□（金文編、一四、一二下）；又其後也多橫列，如「官」字，平安君鼎作□形，夏氏竦引王庶子碑作□（古文四聲韻一、、三八）；宦人殘石「宦」字从「官」作□（石刻篆文編十、十九下），均是其例。至若「師」字石經本條「京師」古文作□，又僖公「公子遂衛師伐邾」古文作□形，汗簡引義雲章作□（中之一、頁三一）形。以上所舉，均足以佐「歸」字古文「𠂤」字橫列之證。

歸，金文本借「帚」為之作□（女帚卣），後增「𠂤」旁作⿰𠂤帚（矢方彝），後加「又」作⿰𠂤⿱帚又（𥄳子卣），或增「彳」作⿰𠂤帚（甫簋），或增「辵」作⿺辵⿰𠂤帚（不𡢁簋）等形。而古文歸作⿺辵⿱𠂤⿱宀未將「𠂤」置于「帚」上，而「帚」字本从帚从又作「⿱帚又」，如金文𥄳子卣所从，石經古文既將「又」置于「帚」上，又將「⿱帚又」簡化作「⿱宀木」形。蓋「彐」與「又」形似，而為「又」取代；而「⿱宀木」中可增點作「⿱宀朩」，其後點可延伸成線作「⿱宀未」形。而「辵」字則自「⿰彳止」形變作「辵」，實為彳與止連接成形矣。此古文「歸」所以作⿺辵⿱𠂤⿱宀未形之大略也。

09. 迪

〔述〕

△⿺辵由 迪　此字从篆體⿺辵由字為正，所从之由，即由字也。余曩作釋由二篇，據敦煌所出漢人手書急就章木簡，定說文部首訓缶之由字即由字，復徵之古文及古書得五六證。今此經二迪字，篆體均从甴作，又得一佳證。古文从⿱丶由，亦由之

變。石經所用，多周、秦間古文，故不如篆文多出殷、周間古文也。（王說、頁三三三）

△我道惟寍王德延，道作逌，篆作迪。

據釋文馬本亦作迪，按迪釋詁訓道，今作道者，後人以訓詁改之也。篆文作迪，中由字與說文筆勢有異，說文：𢎘木生條也，從丂由聲。商書曰：若顛木之有𢎘枿，古文言由枿。按其文義，由則古文𢎘也，象生枝條形。此篆迪字中作由，古文中作由，則枝條更繁，孫仲容疑由為用字，繆矣。銅器用字皆誤，用字尚未誤也。（章說、頁四十）

尚書君奭篇兩迪字，篆皆作迪，古文皆作逌。前說謂由𠚑皆𢎘枿字，象木生條形。今按此正由缶字與其古文耳。今玉篇由在用部，而卷子本玉篇形正作由，（原注餘同故，同注云、乃周字之誤。）說文以從由為䛴字，在言部，今為由字。說文以由東楚謂缶也，音側治反，在由部。據此，今由字古但作由，說文𢎘下云、古文言由枿，而不出由篆者，正以古文借由為𢎘，非別有

迪

由字也。然則從由之字，皆當作由，今篆文皆兩側冥合者，此自漢碑已然，傳寫轉譌，其來已久。二徐已不知由當作由，得卷子本玉篇與石經相印，然後千載之疑昭然如發蒙矣。由音側治反，其讀亦誤，緣今隸由缶字皆變作甾，與甾相似，因遂誤用其音，廣韻七之：甾，說文曰：不耕田也，側持切，甾、上同。又說文曰：東楚名缶曰甾，則直以甾、缶、甾、畲為一字，蓋其誤始於六朝矣。尋由聲之字，今說文皆誤合兩側作由，而音固未誤，如粵、油、柚、皆作幽部喉音，抽、妯、紬、鈾、宙、冑、胄、岫皆作幽部古音，從為入聲，軸、迪、伷、笛、留亦皆舌音。粵，說文訓木生條；柚，釋疑古木亦名條，則古亦舌音。音由正作幽部古音，故得借為繇字，古讀繇正如籀也。又史記李斯傳、飯土匭，徐廣曰：匭一作溜，今玉篇、廣韻、集韻皆有熘字，云：瓦飯器也。集韻云、迪作熘。竊謂熘正由之晚出字，古以聲借作溜，則由之古音當作力救切，力救亦舌音也。至玉篇本有由部，乃更以由入用部，此乃勉強寄屬，不入六

書之例。若謂假用為由，斯乃所謂郢書燕說矣。（同前、頁六〇－六一）

△𢓊 君奭 迪 按此與說文篆文同。（孫說、頁二下）

△今本作道。（商說、卷二、頁二二下）

（考）說文解字二下辵部：「迪，道也，从辵由聲。」（頁二一）石經君奭：「我迪惟寧王德」，古文作𢓊，篆文作迪。王氏嘗作「釋由」一文，分上下二章，刊于觀堂集林卷六，其言曰：「余讀敦煌所出漢人書急就殘簡，而知說文由字即由字也。急就第二章由廣國（顏本、宋太宗本、趙文敏真草二本皆作由，唯葉石林本作田），漢簡由作由，其三直皆上出，與說文由字正同。」（王觀堂先生全集冊一、頁二五六）釋由上例舉四證，以明由由為一之理。釋由下再舉六證以論由字即由字（同上、頁二五六－六一）。其例證凡十，鐵案如山，則其主說文「由」字即「由」字說，可以確信無疑。細審前修之說，實則首發「由」為「由」之論者，當推段氏玉裁，其於「甹」注云：「各本作由聲誤，或從鬼頭之甶亦非也。此从東楚名缶之由，故左傳作畀，今左作惎，糸部綥从畀聲或字作綦，由聲其聲皆在一部也。」（說文解字注、三上、三六）是也。惜其未言及由之本義為何？至章氏說出，以為由由皆甹枏字，象木生條形。覈諸字形，驗證字義，難以吻合。說文解字十二篇下由部：「由 東楚名缶曰由，象形也。凷古文由。」段氏注：「太史公曰：自彭城以東，東海、吳、廣陵，此東楚也。缶下曰：瓦器，所以盛酒漿，秦人鼓之以節歌，象形。然則缶既象形矣，由復象形，實一物而語言不同，且實一字而書法少異耳。」（十二下、五二）考从由之字，多為器名，如說文解字：疀，𣂁也，从由疌聲。段注：「𣂁者，斛旁有庣也，由之類，故其字从由。」畚（畚），蒲器也，𤰈屬，所目盛「糧」（本作種，依段氏改），从由弁聲。𤰈，帗也，从由并聲。段氏釋帗曰：「帗者蒲席𤰞也，㡍下曰：載米𤰞也，𤰞下曰：㡍也，所以盛米，然則四篆一物也。」（說文解字注、十二下、五二一三）𧆨，䍑也，从由虍聲。段注：「[爻缶]者，小口罌也。」凡由「由」所孳乳者多為盛器，所以盛五穀者也。由者，初民用以負戴於首上之盛器，蓋人類負物，先自首戴，再由手挈，次以肩扛，末以桿挑也。今南洋土著，鯤島山族依舊以首頂物，此俗猶存者也。甲骨文有「異」字作[異字古文形]（前5.38.6），[異字古文形]（前5.38.7），[異字古文形]（乙1493），[異字古文形]（乙6819），字从由即由字；或首作田形，如：[異字古文形]（甲394），[異字古文形]（甲2813），[異字古文形]（京津3937）等形。李氏孝定考之曰：

「卜辭異字，與畀字作[畀字古文形]之結構法相同，畀訓舉，而異之本義為頭載物；……。殷虛書契前編卷五第三十八葉七片，及卷六第五十六葉七片，兩異字作[異字古文形]，上從甾，（德修謹案：王氏國維云：「由古文本作甶，篆文亦或如之，其變而為隸書也，乃曲其三直遂成甾字。後人不知其為古文甶字之變，以其形似甾遂以甾之音讀之，實則此音毫無根據也。」（釋由上、觀堂集林卷六））甾下之短橫畫，乃象戴器，即說文之[盧字古文形]，（原注：金文之[盧字古文形]，乃圓形容器之名，負戴器為環狀物，與盪相類，當即由此得名。）許書云：「盪、檐盪，負戴器也。」亦即漢書之寠數，漢書東方朔傳：「是寠數也。」顏注云：「寠數，戴器也，以盆盛物戴於頭者，則以寠數薦之，今賣白團餅人所用者是也。」盪狀如環，側視之則作「一」矣。下從大，正象人首戴甾，下承以盪，兩手翼之之形。甾、缶屬，為液體容器，戴之於首，必兩手翼之，今鄉曲之人，取水載物，猶有用此法者。孟子曰：「頒白者不負戴於道路矣。」此為戴之本義，而戴則異之後起同義字也。他辭異字則省此象盪形之短橫畫，其上仍多從甾，或又省變作田，而人形之兩手，則無一不上舉高與首齊者，益合此無以狀頭戴物之意也。」（說異、中研院史語所集刊第三四本下冊頁四三七）

由是徵知，由為古者所以負戴五穀，或納酒漿，頂諸顛首，以兩手翼之之盛器。再考銘文从由之字，如：

祇：□（郘侯簋），□（召伯簋），□（蔡侯鐘），□（

蔡侯盤）（金文編、一、一四）。說文解字一上示部：「祗，敬也。从示氐聲。」金文从二由，反向相疊，因其為陶質容器，每易破碎，相重使用時，務必小心翼翼，引申之而有敬意，金文本是會意，而至許書則為形聲。

莊：⿰爿㫗（趩亥鼎）（金文編、一、一四）。一上士部：「壯大也。从士爿聲。」段注：「方言曰：凡人之大謂之奘或謂之壯。」（頁四十）又艸部有「莊」字，段注：「其解當曰：艸大也，从艸壯聲。……此形聲兼會意字，壯訓大，故莊訓草大。古書莊、壯多通用，引伸為凡壯盛精嚴之義。」（頁三）知金文此字當為「壯」之本字，从爿㫗聲，蓋「㫗」為大器，因以得誼，此形聲兼意之字。作「壯」者為後起形聲字。金文假借為宋莊公之「莊」，故容氏入艸部下。

𢍰：⿱由廾⿱由廾（師酉簋）（金文編、三、一二下）。三上廾部：「𢍰，舉也，从廾由聲。」字从雙手奉由，故有舉意。

𩚵：⿰⿱叀言丮（⿱言⿰月丮霝惪作𩚵簋），⿱叀皿（⿰⿱由幺女⿰金求簋）（金文編、三、一九下）。三下丮部：「⿰⿱才食丮設飪也。从丮食，才聲。讀若載。」

「⿰食丮」為形聲字，而金文作⿰⿱由食丮者亦為形聲字，从⿰食丮由聲；蓋取由中之物，所以設飪而食也。「才」、「由」同在齒音一部，所以篆文从才得聲。

甹：⿱⿰由由丂（番生簋），⿱⿰由由丂（毛公鼎）（金文編、五、一二下）。

五上丂部：「甹，亟言也。从丂从由。或曰：甹，俠也。三輔謂輕財者為甹。」考諸金文，當以「任氣力也」為本義，即「甹命」之本字，从二由益顯任氣力之甚，而丂聲亦任氣力而有礙難之義。

⿰并甹：⿰并甹（⿰并甹彝）（金文編、五、一二下）。此為「缾」之本字，五下缶部：「缾，罋也。瓶，缾或从瓦。」蓋字从缶或从瓦，與从由者同，且从并聲。

⿱穴畁：⿱宀⿱由廾（⿱穴畁尊）（金文編、七、三六下）。字从穴畁聲，其銘曰：「⿱穴畁乍旅尊」（三代十一、一六下），⿱穴畁為人名。

畁：⿱由廾（睘卣）（金文編、一二、一九下）。其銘曰：「使孚杏婁䍜」，其義待考。

𡢁：𡢁（杜伯作弔𡢁鬲）（金文編、一二、二一）。郭某以為：「杜」乃陶唐氏之後，其姓為祁，「𡢁」即「祁」本字，从女𤰈聲，其讀如「祇」。以「祇」構形律之，其說是也。銘曰：「杜伯作事𡢁鬲。」

由：由（子陳鼎）（金文編、一二、三四）。容氏庚謂：「行甾乃鼎之別名。」（同上）其說可與王氏國維說互相印證，亦可作本文所例以「由」為陶製盛器之佐證。蓋「鼎」亦為盛器，故可以「由」名之。

𤰈：𤰈（毛公鼎），𤰈（虢季子白盤）（金文編、一二、三四）。容氏庚曰：「義如將；毛公鼎：唯天𤰈集乒命，又云：邦𤰈害士。」（同上）虢季子白盤：「𤰈武于戎工」，則字从爿从由，本義為置由于爿上，引申而有將就，將帥之意。毛公鼎用其借義，而虢季子白盤則用其引申義。由金文从由諸字之解析，可徵「由」為陶製盛器無疑。

石經君奭：「我迪惟寧王德」，今本作「道」，許書二下辵部：「迪，道也。从辵由聲。」段注：「按：道兼道路、引導二訓。方言：迪、正也。迪、道疊。」知漢古文本作「迪」，今本作「道」。石經古文作𢓊，篆文作𢔁，其所从由字與金文相似，唯字上之三鈎（由）已簡省耳。

10. 遷

（述一）

△ 䙴 遷　說文遷之古文作䙴，與此小異。（王說、頁三三四三）

△ 衛遷于帝丘，遷作䙴。

與說文筆勢小異，漢地理志引春秋經衛遷于帝丘，猶未作遷，石經篆隸作遷，從師讀。（章說、頁五十二）

△ 䙴 僖卅一　按說文舁部：䙴、升高也，从舁囟。或从卩作𨙸，古文作䙴。與此近似。石經假為遷字之古文。（孫說、

頁三下）

△古文不从辵，𦥯、遷古今字。汗簡引尚書作𨘢。（商說、卷二、頁二三）

（考）說文解字二下辵部：「𨘢 登也。从辵𦥯聲。𢍜古文遷，从手西。」（頁二）石經僖公：「衛遷于帝丘」，古文作𦥯，篆文作𨘢。遷字，古隸作𨘢（古敀軍遷）。陳氏簠齋曰：「彳辵通，即遷。」（說文古籀補補、二、八下引），𦴒（夏遷信鉥）。丁氏福保云：「篆文从手之字，籀文或从𦴒，艸部折籀文作𣂚，齊侯壺之𣂚𣂚與籀文同，此𦴒即𦴒𦴒之異。」（同上）；古匋作𨘢（綏興去匋里𨘢），𨘢（左南城遷口口里員），𣂚（楚城遷𨘢里口）（同上），𦥯（周31.10），𨘢（周60.1），𣂚（文8.18）（陶文編二、十一下）等形。即石經古文言之，字作二⊗从二臼从艸，⊗者重物也，故从二臼以擡之，从艸以奉之，（即許書三上舁部：舁、共舉也，从臼廾會意之字）使其遷移也，則遷為其本義，許書訓登也，蓋其引申義。其後

字增「行」（如古鉨、陶文所作），或增「止」（如許書所作），均
示其動向也。許書古文从𦥑作者，實非真古文。字由𡿺作𦥑
作西，其關鍵在古鉨古匋之變化。匋文本諸𡿺形，簡省之可
作𡿺若𡿺形，𡿺者乃將𡿺與𠀉合一，進而作西若西，已與「西
」字形近。其後古文作𡿺者已不可見，後人未能詳察其流變
，即本篆隸之間之「西」依古文之寫法而作𦥑形，實閉門造字
耳。商代謂「㽞」、「遷」古今字是也，孫氏以假借說之欠妥。

11. 隧

〔述〕

△䢓 隧　說文𨖼古文遂，𨖼乃䢓之譌，然䢓字亦不知所從。（
王說、頁三三一）

△乃其隧命，隧作䢓，春秋文公經，公子遂作𨖼。
說文古文遂作𨖼，此筆勢皆小異。（章說、頁四〇）

△䢓 遂 傳卅　按說文遂，古文作𨖼，與此略同。說文遂，亡也，从

辵、㒸聲。金文作𢓊衠。此从朮者，當由述字變來。說文：「述，循也，从辵，朮聲。」盂鼎作𢓊，魚匕作𢓊，白懋父𣪘作𢓊，並假為遂，遂、述並脂部音近，故可通也。君奭：「乃其隧命」，假遂為隧。（孫說、頁二下）

△說文古文作𨗨，敦煌本尚書微子作逋，玉篇古文作𨘎，汗簡作𨗉，誤以為述字。（商說、卷二、頁二四下）

（考）說文解字二下辵部：「遂，亡也。从辵㒸聲。𨗨古文遂。」（頁二下）石經僖公：「公子遂如京師」，古文作𨗉，篆文作𨘂。王氏以許書古文𨗨為石經古文𨗉之譌，實為真知灼見也。孫氏進而闡論謂：遂、述（並脂部）音近通假，故金文述字作𢓊（盂鼎），作𢓊（魚匕），作𢓊（白懋父𣪘），並假為遂用，其說信而有徵可以確立。迨朱氏芳圃商周文字釋叢一書出，於遂、述二字之考證，尤為綦詳，其言曰：

「述　𢓊盂鼎、𢓊小臣逋𣪘、𢓊同上、𢓊魚鼎匕

說文辵部：「述，循也。从辵，朮聲。𨔶，籀文从秫。」

按禾部：「秫，稷之黏者。从禾、术，象形。术，秫或省。」考术為初文，秫為後起字。金文作朮，象稷黏手之形。

⋯按遀即述字。魏三字石經尚書君奭「乃其隧命」（隧今本作墜），古文作𨗉；春秋僖公三十一年「公子遂如晉」古文作𨗉，並從之譌誤。盂鼎銘云：「我聞殷述令」，即君奭之「隧命」，是其證也。

术與㒸同音，故凡从术从㒸得聲之字，例相通用。左傳僖公三十三年「西乞術」，文公十二年經「秦伯使術來聘」，公羊傳皆作遂。禮記月令：「審端經術」，鄭注：「術、周禮作遂」，並其例證。從義言之，漢書刑法志：「園圃術路」，如淳曰：「術，大道也。」遂亦訓道，春秋演孔圖：「使開階立遂」，宋均注：「遂，道也。」一作隧，國語魯語：「具舟除隧」，韋注：「隧，道也。」許君訓述為循，意謂順遂而行，引伸之義也。」（卷下，頁一三一—一三二）

隧

是說也，乃千古不易之論。綜合王、孫、朱三家之說，知許書古文遠作𨗨者，乃自金文述作𨘢者譌變而來，石經古文猶存其本真耳。唯其古音本同，終因「述」「遂」假借之關係，至許君變「述」之古文為「遂」字之重文，致後人不得識矣。今得石經古文與金文相印證，遂得溯其本源，明其流變，則古文之是非可以確定，古今之爭端自可息矣。

12. 遠

△𢓸遠　與說文古文同。（王說、頁三三二）

△弗永遠念天威，遠作𢓸。

說文作𨗨，從辵，此從彳。（章說、頁二八）

△𢓸遠　君醜　桉說文古文作𨗨，與此同。（孫說、頁二下）

△說文古文作𨗨，汗簡引石經作𢓸，引說文作𨗨。（商說、卷二、頁二五）

（考）說文解字二下辵部：「遠　遼也。从辵袁聲。𨗨　古文遠。」（頁二）石經君奭：「弗永遠念天畏，」古文作遠，篆文作𨖸。金文有「遠」字與說文篆文同，从辵袁聲作𨖸（克鼎），亦有从彳从袁聲作𨖸（番生簋）（金文編、二、二五）與說文、石經古文同者。蓋古文从「彳」與「辵」在偏旁中可以互易，均足以示其動向之意。唯古文从𡕝者為金文所無。考「袁」字，許書八上衣部：「袁　長衣皃，从衣叀省聲。」段注：「此字之本義，今祇謂為姓而本義廢矣。」（八上、五十九）考金文「遠」字所从之「袁」字實从止从〇从衣，或从止从〇衣首，按許君說解字形或有未妥。字从止者示其動向，从〇者示古代初民穴居之穴，衣為聲符，蓋「衣」於稀切十五部，「袁」雨首切十四部，古音近同。古文作𡕝者，蓋首衣聲。〇之作⊙者，古文〇中可增點，其例匪鮮，如「登」字金文作𡕝（鄧孟壺）若𡕝（鄭鄧弔盨），亦可作𡕝（鄧伯氏鼎）若𡕝（𦬇医簋）形（金文編二、一八）可證。至於⊙下增止者，或由辵之作彳止者而來，因彳之彳與止分立為二，則止與⊙結合，而止又可作𡳿，反之即可成𡳿也。此說文、石經古文所以作𢓸形之緣由。石經君奭：「弗永遠念天畏」，由篆、古相對照，則「𢓸」為「遠」之古文，亦可確證說文古文「遠」之不譌也。

13. 復

（述）

△𨓹復　此即說文復字，說文：復、往來也；𠣬，重也。此云復歸，以重為義，宜用此字。（王說、頁三三四一）

△復作𨓹。

說文彳部有復字，或省作复，此從辵复聲。（章說、頁五十）

△𨓹復 懷廿六　按金文散盤作𨓹，與此同。王國維曰：此即說文復字，說文：復，往來也；𠣬，重也。此云復歸，以重為義，宜用此字。（孫說、頁三）

△汗簡引郭顯卿字指作𨓹。（商說、卷二、頁二九下）

（考）說文解字二下彳部：「復　往來也。从彳复聲。」（頁三下）又五下夊部：「复　行故道也。从夊，畐省聲。」（頁七）又九上勹部：「復　重也。从勹復聲。复或省彳。」（頁六下）石經僖公：「曹伯襄復歸于曹」古文作復，篆文作復形。考「復」字甲文作复（乙184），复（林1.29.14），复（京都330B）（甲骨文編、五、二五）；金文作复（鬲比盨），增彳作復（小臣遬簋），或从又作復復（曾鼎），增辵作復（散盤）（金文編二、二七）等形。孫氏詒讓釋作复，謂：上从亞即畐省，下从夊即夂，（見殷契舉例上、頁八上）；羅氏振玉釋作復，并引曾鼎作復以為亞即畐省，从夊象足形，自外至，示往而復來，（見增訂殷虛書契考釋、中、頁六四下）；陳氏邦懷謂考卜辭及古金文中從亯之字皆作亯，曾鼎復字所从亯之亯即古字。卜辭复字，所从之亞為亯字之首審矣，（見殷虛書契考釋小箋、頁廿一下至廿二上）；葉氏玉森以為复復古殆一字，（殷虛書契前編集釋、卷五、頁一六下）；孫氏海波以复用為復，（

甲骨文編、五、二五）；李氏孝定謂：契文作⿱亞夊从亞，疑象器形，从夊無義，當以亞為聲符，（甲骨文字集釋、頁一八九九）；高氏鴻縉以⿱亞夊之初意為往來也，从夊亞（古壺字）聲，周人加辵為意符，（散盤集釋、頁一五）；聞氏以為復本字作复，金文从畐聲，然畐亦注聲，夊本有聲也，（聞氏全集、頁五九九—六〇〇，璞堂雜識）。張日昇評之曰：金文从亞，高鴻縉謂古壺字，與許氏謂畐省異。考諸字形，兩氏之言皆非。考諸古音，复在幽部 bi̯ok，畐、壺分別在之部 bi̯wək，與魚部 ɣwâg，故壺聲畐聲之說亦並誤。聞氏謂夊本有聲，高亦注聲，似未可从。蓋夊在微部，古音作 si̯wəd，與复相去甚遠，陳邦懷謂复是从𩫖省，李孝定非之，是也。竊疑亞乃象二四若豆相合之形，豆實从甲豆傾覆至乙豆，亦可从乙豆傾覆至甲豆，故有往來反覆之意，其用於行則从夊，（見金文詁林、頁九九三—九四）。張氏駁各家者是，而謂亞亞象二四若豆相合之形，則非。蓋其僅即金文觀之，未通貫甲文篆字者也。即金文言，或則象之；就甲文而論，則未必盡然。說解文字貴能溯源達流，通觀全貌，未可執偏以概全，以一斑而定全豹也。其說僅想當然耳，未有任何佐證，實未足信。考甲文有「𩫏」字：（甲547），（林1.9.9），（戩40.14），王氏國維謂：「字上下所从之介及介實象屋形……之為字，實象兩屋相對形。」（初本觀堂集林卷三、明堂寢廟通考），孫氏海波云：「古郭庸通用」（卷五、二一）；（前8.10.1），（京都3241），孫氏又云：「或作四介，象城郭之四重亭，兩兩相對也。」（五、二一下）王氏以為象四屋相對，中函一庭形。孫、王二說，以王說為佳。金文亦有之，作（毛公鼎），（享鼎），（鄘伯馭簋）（金文編、五、三三下）容氏庚云：「說文象城郭之重兩亭相對也，與庸、、墉為一字，𩫏與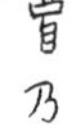乃以筆迹小異而折為二庸。」（同上）而「復」字所从作亞或作形，正與甲金文「𩫏」字相近，則「復」字所从篕即「𩫏」字，亦二屋相對之象而取其義，「复」字形構為从亞从夊，會意；「復」字从彳复聲，則聲兼義。前者从夊示動向，表往來于

兩屋之間，因而有往來義；从彳者，示其往來之道，即許君「𡕒」下所謂「行故道」之意。而「復」字有重意，蓋亦取从复聲之義。石經古文作𨒌者，从辵，从𡕒聲。其中𡕒作复者，乃自复簡省而來，散盤「復」字所从已省作复，至石經古文再省作复形；而圈中增點之理，已於「遂」字條論及，此不復贅言。天璽紀功碑：「治復有口未解」復字作𢔦，（石刻篆文編、二、二九下）字亦从𡕒聲，可為古文「復」从𡕒聲之佐證。字从勹作者，乃叚𡕒為𡕒也，「復」「復」字均从𡕒聲，聲母相同，故于古文中可叚借。

14. 後

〔述〕

△𨒇 後 與說文古文同。（王說、頁三三二〇）

△尚書多士，後嗣王，後作𨒇；君奭後嗣子孫同。

與說文合。（章說、頁二十三）

△𨒇 後 多士 無逸 多方 桉說文古文作𨒇，金文余義鐘作𨒇，古鉨作

𨑜，並與此同。（孫說、頁三）

△說文古文及汗簡引尚書同。（商說、二、三〇）

（考）說文解字二下彳部：「後 遲也。从彳幺夂，夂者，後也。𨑜 古文後从辵。」（頁四）石經君奭：「在我後嗣子孫」古文作𨑜，篆文作後形。金文作後後（師寰簋），或增夂作後（令簋），或从辵𨑜（余義鐘）（金文編、二、二七）等形。或與許書本篆同，或與許書、石經古文同。段注：「幺者，小也；小而行遲，後可知矣。故从幺夂，會意。」（二下、一六）高田忠周氏云：後字本義謂行而遲在人後也（古籀篇、六四、頁一五）。高氏鴻縉以夂有後退之意（中國字例五篇頁一八三）。考字从夂者即金文之夂形，乃「止」字倒書，僅表行動，而無所謂後退意。說解字形當以段說為允當。石經古文所从之⻌即从辵也，古文「辵」多變作⻌形，由許君所收古文可徵，請參閱拙作說文解字古文釋形考述「游」字條、頁六八。，茲不復贅述。

15 得

（述）

△㝵（得） 此字从又貝，得之意也。殷虛古文略同，說文作[illegible]，上从見，失之。（王說、頁三三九）

△得臣，得作㝵。與說文合。（章說、頁四十七）

△㝵（得）僖廿八 文十二 按說文、古文作[illegible]，誤貝為見。甲骨文作[illegible][illegible]，金文作[illegible][illegible]，匋文作[illegible]，鉩文作[illegible][illegible][illegible]，皆象手持貝之形，並與此同。（孫說、頁三）

△古文不从彳，說文之古文从見，乃貝譌。（商說、卷二、三〇下）

（考）說文解字二下彳部：「𢔶 行有所得也。从彳㝵聲。㝵古文省彳。」（頁四）又八下見部：「㝵 取也。从見从寸，寸度之，亦手也。」（三下），石經僖公：「楚殺其大夫得臣」，古文作㝵，篆文作得形。羅氏振玉釋㝵為从又持貝，得之意也（見增訂殷虛書契考釋、中、頁六○上）。李氏孝定進而言之曰：見部之「䙷」與彳部「得」之古文全同，其義亦相因。古文偏旁从彳或省彳無別，而許書一為篆文，一為古文，乃複出之，刊落不盡者，羅（德修謹案：指羅氏振玉）以為當刪（其說見增考中、頁六○上），其說是也。古文从又从寸無別，許云寸亦手也，正以明其相同，（甲骨文字集釋、頁五八一—八二）。李說甚碻。考許書六下貝部：「貝，海介蟲也……象形。古者貨貝而寶龜，周而有泉，至秦廢貝行錢。」（頁四）蓋古者貨貝以易物，故字从又从貝，亦以手取貝，以會「所得」之誼。由考古發掘資料顯示，中國由殷至周，晚至王莽均有以「貝」作為貨幣之史實（見拙作「錢的世界—先秦篇」，待刊）。可證古人造字取从貝从又實具深誼，蓋「近取諸身」者也。「得」字下許君謂：「行有所得」；「䙷」字下云：「取也」，實取誼於此。許書得、䙷二字均譌「貝」為「見」，或傳鈔之訛也，以石經古、篆多从「貝」字為然。疑貝、見於古文形近，易致混淆，因此訛誤也。

16. 嗣

〔述〕

△□嗣 此字訛从廾，當如說文作□，汗簡引石經與此同。（王說、頁三三三二）

△後嗣子孫，嗣作□。

隸續所錄文侯之命形亦近此，孫淵如謂當作□，此未見真本故也。按說文古文嗣作□，此□即司字橫作之耳，左冊原不從爪，石文甚明。隸續竟作從爪之乱字，大誤。（章說、頁三十九）

△□嗣君甗 按說文古文作□，嗣子壺作□，此从□，殆同形之譌。（孫說、頁三）

（考）說文解字二下冊部：「嗣 諸侯嗣國也。从冊从口，司聲。□古文嗣，从子。」（頁七下）石經君甗：「在我後嗣子孫」，古文作孠，篆文作嗣形。考金文作嗣（盂鼎），孠（曾姬無卹壺）（金文編二、三三），嗣（毛公鼎），孠（羅氏作郭子壺、三代十二、二八下一二九，李氏考定作𦔻君嗣壺、集釋頁六七二），李氏并云：「最後一形（指孠）與三體石經嗣之古文作孠者相同，為六國古文，當為許書古文所本，（同上）。細籀讀三體石經古文作孠而非孠形，李氏所摹失真；字當从子、司聲，唯「司」字譌變作司形，或受六國楚文字婀娜多姿，委曲柔弱之風所扇，以致成為司形耳。唯魯實先先生謂：「作嗣者乃從子、止二聲，亦猶古文之孠，从司子二聲也。」（見殷契新詮之三、頁一七一八）其說實未敢苟同，蓋許君於本篆明言从司聲，古文僅易形符「冊」為「子」爾。「良以冊立嗣子，必宣讀冊詞」（魯先生語，同上），故字形符或从口从冊，示其宣讀冊詞；或从子者，疑指其冊立嗣子之事，故高氏鴻縉謂：「晚周古文益从子，子繼文也，司聲。」（中國字例五篇、頁一七四）是也。許書所例从二聲之字，均有訛

誤，形聲字僅一形一聲耳，（詳說見拙作「上古六書學」，待刊）
，非有一字二文均為聲符者也。

17. 革

〔述〕

△革革 與說文古文同。（王說、頁三三二四）

△殷革夏命，革作革。
與說文合。（章說、頁二七）

△革革多士 按說文古文作革，鍒文作革，並與此同。（孫說、頁
三下）

△說文古文同。（商說、卷三、頁一六）

（考）說文解字三下革部：「革 獸皮，治去其毛，革更之象
，古文革之形。革 古文革。从三十，三十年為一世，而道更
也，臼聲。」（頁一一）石經多士：「殷革夏命」，古文作革，
篆文作革。石經古文與許書古文相同，許書古文之形構諸家有

異說處，愚嘗為之考述，詳拙作說文解字古文釋形考述、頁三一五一二〇，茲不復贅言。

18. 商

〔述〕

△𠷎商　說文𠷎古文商，𧶜籀文商，魯士商䚀敦作𠷎，師田父敦賞字从𠷎，並與此似。（王說、頁三三三七）

△則商賓百姓，商作𠷎。

與說文古文商上體小異，此經从冏者皆作冏，說文有兩古文商字，並從冏，篆籀則從冏，詳齊侯鎛鐘。外內之事，內作

內，是古文多如此也。（章說、頁四十五）

△𠷎商君𩏂𠷎無逸多方　按說文古文作𠷎𧶜，籀文作𠷎，甲骨文作𠷎，金文作𠷎，與君𩏂商字同。君𩏂假以為賞字，古文其第二體，未詳所出。（孫說、頁三）

△說文古文作𠷎𧶜，籀文作𠷎，汗簡引作𧶜𠷎。（商說、卷三

、頁一）

（考）說文解字三上㕯部：「商 从外知内也。从㕯，章省聲。商古文商，商亦古文商。商籀文商。」（頁二）石經君奭：「則商實」，古文作商形。考「商」字甲骨文作商（甲727），商（甲2327），商（掇1.294），商（乙98），商（後1.9.12），商（佚853），商（掇1.295），商（甲2416），商（佚518）；金文作商（康侯簋），商（商角簋），商（矢簋），商（帥鼎），商（𨚕出簋），商（商丘弔簠），商（末距悍），商（商𣪘簋），商（庚壺），商（蔡侯盤），商（姑口句鑃）（金文編二、一下一二）等形。自甲金文之流變觀之，字本不从章聲可知，故許君章省聲之說，殊難成立。蓋許君每於不可解之形，多以省體說解之，云某省，云某省聲，細究其字，輒多無不省者可循，此例繁多，不勝枚舉。至於「商」字之形構，羅氏振玉謂卜辭與篆文同，惟篆文上从辛，此从平耳（見增訂殷虛書契考釋、中、頁十一上）。癸丑年愚作說文解字古文釋形考述，本商氏承祚釋内為内（見福氏所藏甲骨文考釋、頁三）說，因謂「商字即前引甲金文觀之，从内（內）作，可知。然則卜辭、金文辛不从言作，而是从辛或辛首。𠷎字从辛从内者，「辛為立之倒文」（中島竦氏說、書契淵源第一帙中葉九三），自有逆意；内為入也（五下入部），故許君訓商為从外知内，實形義相合，疑即為其初誼也。」（頁二三五）近讀金文詁林張日昇以為：「甲骨文有商字，泰半从内，口乃後加意符，商本不从冏也。竊疑字从辛丙聲，古音丙、商同在陽部，丙當作piwǎng，商當作siang。」（頁一一八一）其以形聲說之，似略勝一籌，然字从辛，丙聲何所取義，則闕而不論焉。愚以為「商」字在甲金文有二義，一曰地名，即大邑商（甲2416），天邑商（甲3690），或直稱商，如佚518：「壬午王田于麥彔（麓）獲商戠兕，王易（錫＝賜）宰丰寢小𦓫祝，在五月，隹王六祀肜日。」王襄以其地望為河南之商邱（簠室殷契徵文考釋地望、頁一上）是也。一曰賣（今作賞），李氏孝定曰：「亦叚為賞，卜通別（大　第二版五二辭云：『癸巳卜貞商冉冊』，五三辭云：『貞勿商戠華』，郭謂當讀為賞是也。書費誓：『馬牛其風，臣妾逋逃，勿敢越逐；祇復之，我商賚爾。』傳云：『我則商度汝功賜與汝』，實則此商字當讀為賞，言我賞賚爾也。與卜辭金文假商為賞者並同。」（甲骨文字集釋、頁六九四）尚書費誓之「商」，屈翼鵬先生亦訓賞（見尚書今註今釋、頁一七四）是也。商作賞解，郭某亦以為段借，其言曰：「商字殆段為賞，古金文賞字多假商為之。」（卜辭通纂、冊三別一、頁五下五二、五二辭釋文）此說可商。唯商代承祚謂：「商賞本是一字，故卜辭及金文賞皆作商，後別以从貝之𧶠為賞，作□□（競卣、傳卣），而以啇（卜辭、金文）為商矣。」（殷契佚存考釋、頁七〇下—七一上，五一八片釋文）是也。考「商」字之本義為𧶠（即賞）作地名大邑商、天邑商、商用者，實本無其字依聲託事之假借，地名多假借字。商本从辛或辛首，丙聲，其本義為𧶠（賞），是故卜辭地名與賞義兩存幷用。至周用作𧶠義者早期多作啇形，其後孳乳為賣為賫，金文作[illegible]（戍甬鼎），[illegible]（束卣）；[illegible]（御尊），[illegible]（作冊魖卣）；或作[illegible]（校卣），[illegible]（傳卣）（金文編，六、二〇）古匋文作[illegible]（善414）（陶文編六、四五）等形。所以如此作者，「商」字為地名、朝代名所專，久段不歸，於人之觀念中見「商」字即為地名或夏「商」周之義，故增貝以示區別也。蓋周代凡有賫賜每多賜貝，在銘文中可徵，其例綦多，不復贅言，是故字从貝作也。蓋字从丙聲有更改、增加、光明義，如更，改也；病，疾加也；炳，明也（見說文通訓定聲壯部第十八頁八四一六）。而「商」字从丙聲，疑取更改、增加、光明義，凡有賞賜，言其賜物則有所更易其主，言受賜者則有所增多，受與賜之間均光明正大，榮譽卓著者也。

石經古文作[illegible]者，實自蔡矦盤作[illegible]形演變而來。其中之[illegible]可作◦◦，如傳卣、校卣賞自所作者是，冈中之點，可延伸成線，故石經字作冈；ㅂ可尖之作∀，此例亦多，（見拙作說文解字古文釋形考述「君」、「周」二條），不復詳論。而丌形則為[illegible]形之簡省及下迻，與几密合而成，此[illegible]得形之緣由也。孫氏引古文商弟二體作[illegible]者，實自金文作[illegible]漸變而得者，蓋辛字可作[illegible]，自可使實者為虛作[illegible]；而[illegible]之內簡化作几將[illegible]下移即成[illegible]形。古文字之偏旁中往往可上蠕，可下迻，可分可合，乃求筆勢之便利，構體之方整，合體之美觀，有以致之也。[illegible]之作[illegible]形為晚周字體之特色，則全字作[illegible]者，殆六國之風韻耳。

19.信

（述）

△[illegible]信　此字从千，案辟大夫信節信作[illegible]，又古鉨信字作[illegible][illegible]，並與此同。（王說、頁三三三）

△則信之，信作[illegible]，君奭天不可信同。

從言，千聲，說文未錄。（章說、頁二十三）

△[illegible][illegible]信無逸君奭　桉古鉨作[illegible]，與此同。（孫說、頁三）

△說文古文作𠇋，从言省。古言口通用，非言省也。日本唐寫本尚書般庚上作𠇋，同說文。鍴作𠻙。（商說，卷三、頁七下）

（考）說文解字三上言部：「信 誠也。从人从言，會意。𠇋古文，从言省。𧦝古文信。」（頁三下）石經君奭：「天不可信」，古文作𠻙，篆文作信。石經古文信字从千是也。至章氏謂从千聲，考「千」字此先切清紐十二部（从段氏十七部）；「信」字息晉切心紐十二部，古聲同在齒頭，古韻同部，其說可从。千字三上十部許君云：「十百也，从十从人。」小徐本作「从十，人聲。」（頁二下）甲文作千（甲2907），千（甲2115）；金文作千（盂鼎），千（矢簋）等形。釋千字之形構者多家，如：孔氏廣居云：从一人聲，十百千皆數之成，故从一（見說文疑二）；林氏義光曰：千身古音近，當即身之省形，千亦象人形，固可省為千也，（文源）；戴氏家祥謂：千从一人，从一加于人為千，始則假人為千，繼乃以一為千之係數作千形，沿用已久，成為科律，（見釋千）；高氏鴻縉从小徐本，并謂：从十當為一，一、數之整也，一與人穿合。（見中國字例、五篇、頁九一）；朱氏芳圃謂：千為大數，造字之術窮，故从人代表之，一千作𠦃，二千作𠦄……數至六千，合書不便，乃析為二字矣，（見殷周文字釋叢、頁四千字條）；李氏孝定謂以小徐本「人聲」為長，詩甫田定之方中，楚辭招魂，均以人千為韻可證，人字古當有與千音相近之一讀也，（甲骨文字集釋、頁七二二）。縱觀各家之說，以戴氏為是，蓋古者語言有「千」之音，而無「千」之字形，而人字作「𠂉」形為眾所皆知，且其音同，（考「人」如鄰切泥紐十二部，「千」清紐十二部，古聲一舌一齒，古韻同部，蓋上古之末義歧而聲轉，其本初則同音也）；故段借「人」字以示千義。通考古文字紀數之名，舍一二三亖為指事外，餘均多為段借或形聲，如依許說「千」為十百，从人从十無以表義。其後庶業其繁，飾偽萌生，「𠂉」假作千不敷使用，增一、二、三……為係數，因以合文出之作𠂉若𠂉若𠂉……等形，沿用既久，約定俗成，遂成科律矣。「信」字从千聲，實形聲兼意，蓋千人之言亦復如是，則誠信可知。再者，「人」、「千」古本同音，則取為偏旁亦可互借。此古人造字所以取千以為偏旁之理也。

「信」字古璽作𠇍（待，古璽文字徵三、二），䚱（公孫安信鉨），䛸（古朱文一字鉨），䛸（士信）；丁氏福保考之曰：「信陵君左軍錢，原書以為古『計』字从千，陳簠齋（當作齋字）謂：从亻即朱，是古誅字。案在古鉨䚱計有別，此當以釋信為是，古从人非朱，乃信字反文，旬文皆作亻，兮仲鐘用侃喜之侃字左作亻可證，此為从人。」（說文古籀補補、三、二下）其說甚諦，可从。古匋文从人作䛸（止信），䚱（止信）（見說文古籀三補、三、二下），𠆢（善167），䚱（溥192）（陶文編三、一七）等形是也。由於「信」字可从「人」亦可从「千」，古者「人」、「千」在偏旁上可以共通，即可互證。千字之來由，與「人」實有密不可分之關係，足徵「信」字假借「千」為「人」說之不誣也。

20. 及

（述）

△乁（及）春秋殘石亦作𠬧，並與說文古文同。（王說、頁三三二八）

△及皆作乁。

說文古文及，秦刻石及如此，則秦亦不廢古文。（章說、頁一八）

及箕鄭，及作𠬧。

他處皆作乁，獨此作𠬧為異。小篆及從人從又，此從人從冉，又說文古文及，或作⿺辶𠬧，中亦從冉。（章說、頁五八）

△乁（及）（無逸 僖卅）按說文古文作乁，云古文及秦刻石及如此。（孫說、頁三下）

△說文乁古文及，秦石刻及如此。（石經無逸）（商說、卷三、頁二十）

△汗簡引石經同（石經僖公）（同前）

（考）說文解字三下又部：「及 逮也。从又从人。乁古文及，秦刻石（當作石）及如此。弓亦古文及。遘亦古文及。」（頁四）石經無逸：「及高宗」，古文作乁；僖公：「晉人及姜戎敗秦師于殽」，古文作及，篆文作及。古文及作乁者，愚已有說焉，（見說文解字古文釋形考述、頁三五一－一八），茲略。

至於古文作及者，亦可得而說。考「及」字甲文作及（甲209），及（甲3735），及（戩16.2），及（粹765）（甲骨文編三、一五）等形；金文作及（保卣），及（屖弔多父盤），及（不嬰簋），及（旨鼎），及（鄭虢仲簋），及（皃弔盨）（金文編三、二四）等形。羅氏振玉釋甲文之形為：象「人」前行而「又」及之，（見增訂殷虛書契考釋中、頁五九上），李氏孝定進而謂之曰：象一人前行，後有及之者，（甲骨文字集釋、頁九一八）是也。黃氏以為金文「及」有追捕意，（見保卣銘的時代與史實）；平心以為有征伐意，（保卣銘略釋）；蔣代大沂引伸黃說謂：「這字像一個人正在逃跑，而後邊伸來一隻手，把前面的人逮捕住了。」（保卣銘考釋）。考「及」之本義大概有如前修所云，至謂「征伐」，乃引申義耳。蓋字與追緝、逮捕有關，故金文或增彳或增辵作義符，蓋「及」字假借作連接詞或其他語詞後，義歧之故，為作識別，而增偏旁者。石經古文作□形，乃自□演變而來。金文有作□（鳧弔盨）形者，蓋乃（人）使之繁複即可作□形，與「又」合體即成此形；同理「人」亦可使之繁複而作□形，則與「又」合體即可成□形矣。此石經古文作□者所自昉也。

21. 杈

〔述〕

△□杈　古金文皆作□，此譌。（王說、頁三三四五）

△文公經：叔服，叔作□。

古銅器作弔，君甋經篆文弔字亦作弔，此筆勢小異。要之，以弔為叔，猶以不弔為不淑爾。（章說、頁五六）

△弔 君甋叔 [illegible] 文元 按甲金文叔皆作弔，此以弔為弔，以[illegible]為叔，蓋誤。（孫說、頁三下）

△說文叔或从寸作村。（商說、卷三、頁二〇）

（考）說文解字三下又部：「叔，拾也。从又尗聲，汝南名收芋為叔。村，叔或从寸。」（頁四下）石經文公：「天王使叔服來會葬」，古文作[illegible]，篆文作村。「叔」字甲骨文作弔（甲1870），弔（前5.17.2），弔（河610），弔（金616），弔（續6.27.4）（甲骨文編、三、一六下）等形；金文「叔」字有二系：一為叔（叔卣），叔（師嫠簋），叔（克鼎）（金文編、三、二四下一五）；一為弔（弔尊），弔（弔鼎），弔（尹弔鼎），弔（弔父丁簋），弔（弔倉父盨），[illegible]（寶侯簋），弔（𪓐陳曼簋），[illegible]（弔日劍）（金文編、八、七一八下）等形。

孫氏海波謂：卜辭用弔為伯叔之叔（甲骨文編、三、一六下），又云：「古弔叔一字。」（同上八、四下）。考「叔」之古文字，於甲文則借「弔」為「叔」，而金文則有「叔」之本字，然於銘文、經傳，猶段「弔」為「叔」，且有「叔善」、「伯叔」二義。「弔」之初形本義為何，異說紛紜，茲節要如下：吳氏大澂主象人（男子）執弓矢形，（見字說、頁四一五）；羅氏振玉則謂：字从人象弓形，↑象矢，己象隿射之繳，其本誼（全為隿射之隿，或即隿之本字，（增訂殷虛書契考釋中、頁四四上）；郭某从羅說，並云：此與己可為互證，字蓋从己，己亦聲，（見甲骨文字研究、釋干支「己」字條）；葉氏玉森依羅說曰：己象繳似矣，先哲造字取約束誼者，以己象之，㠯與己其物當為綸索類，利約束耳，（見殷虛書契前編集釋、卷一、頁五一上）；林氏義光謂公乙皆象弓形，（文源）；高田忠周曰：尗字作[illegible]，後變作朩，並象形，（古籀編三一、頁三四）；吳氏其昌謂：原始象形之「叔」字，正象一鋒鐖之尾，垂有蔓長繳絛之「矰矢」，繞纏于另一矢藁之上。「叔」本義之為象「矰矢繳藁」之形，則「杈」字从𠂔象弓形，𢎘象矰帶繳，矰為短矢，故但以𠂔象之；其下屈曲者，繳也，（見金文名象疏證、武大文哲季刊、卷六、一期、頁二二八－九）；馬氏敍倫云：字皆不从弓，倫幼時見取鳥者以繩繞竿，繩之一端有若矢鏃者，正與此文形同，是本乃取鳥具，其音與弋同，雖為後起字轉注為矰（讀金器刻詞、頁七－八、弟鼎）；周氏法高曰：弔字象人持矰繳之形，非弓矢形也，乃繁之本字（金文詁林、頁五〇九四引）。吳、周二氏說解字形是也。从弓說，實未能貫通古文字有以敓之。通考甲金文弓字罕有省略作𠃧𠄌形者，其本象人形，自不容置疑。𠃧象矰繳形，故論語有弋射之事（述而篇），皇侃論語義疏引鄭注夏官司弓矢云：結繳於矢謂之矰，矰，高也，茀矢象焉，（卷七、頁八）。矰矢不在箙者，為其相繞亂，將用乃共云也。侃案：鄭意則繳射是細繩系箭而射也。知古者高射器以矰繳，平射器以弓矢；矰繳所以穿飛禽，如以矢射之易為飛逸不易獵獲也。弓矢所以射走獸，以其威力重而易創，垂手可得也。能知此，則許書八上人部謂：弔，問終也，古之葬者厚衣以薪。从人持弓，會歐禽，（頁五）。小徐本下有「弓蓋往復弔問之義」語。蓋至漢人已是弓矢與矰繳不分，且小篆所从之弓已失弋射之弋上之个形，有以誤會也。然「會歐禽」之誼，正所以知其以矰繳也。字所有淑善義，義自問終引申而來，蓋問終者中心存有慈善誼，古訓弔為淑為善實由此始。作伯仲叔季之叔乃本無其字之假借，昆仲次弟字多叚借也（詳拙作說文解字古文考述「中」字條，頁一一六）。吳氏其昌謂「叔」象矰矢施繞矢藁之形是，然謂引申為父叔，則非。（見金文名象疏證、頁二三一）。銘文多叚「弔」為之，蓋古「弔」字與「叔」字古音同，語言中有「叔季」誼而無其字，即藉其音以寄其誼耳。叚借端賴「音」同，不必有引申義為依據。

至於「叔」字金文作𠦬者，郭某依許書謂：汝南名收芋為叔，今案當以收芋為其初義，从又持弋（木杙）以掘芋，若小即象芋形，（見金文叢考頁二三〇．釋叔）。其說解字形可商，叔本作尗，乃象豆苗初生形，其下之小，非芽也，示其土壤耳，字作「叔」者乃叚借作「伯叔」之叔，引申作「拾也」之拾，後為與其本義有別而增義符「又」耳。吳氏其昌云：彼「叔」字本亦作尗，自為「菽」之本字，上象豆蔓，下象豆粒，本義自為「大豆也」。若旁益以又，則象以手拾豆之形，故引申為拾，（同前）。其說近是，唯謂「下象豆粒」，則可商矣。蓋「大豆」之實，乃長在枝蔓上，未有結實于地下者也。

石經古文作[古文字形]形，乃自金文[古文字形]譌變而來，弔倉父盨「弔」作[古文字形]形，即其上譌作从之端倪耳。蓋古文本作[古文字形]形，石經君奭：「君奭不弔」，古文作[古文字形]，其上之[古文字形]形已含有譌變作从形之因素在，若再不細察即易變作从形矣。至於[古文字形]形，則自[古文字形]簡省而來。古代弋射寫實圖有「青銅象嵌狩獵壺」及「弋射收穫畫像塼」（見中華歷史文物上冊，頁一九六－七、二六二），足與「弔」字相互發明。

22 事

〔述〕

△㕝事 與說文古文同。（王說、頁三三三七）

△事作㕝，春秋僖公經：天王使宰周公，使亦作㕝。

說文古文事作叓，此省略。王褒四子講德論，書云：迪一人使四方，若卜筮，亦與梅本作有事者不同。王讀事為使，石經則尚書篆隸仍作事，春秋篆隸皆作使，以此為訓讀之別。

（章說、頁四四）

△㕝事 僖廿二 桉說文事古文作叓，（金文伯矩鼎作叓，鄘鼎作叓，匋文作叓，鉨文作叓叓叓，並與此同。石經假為使字古文。（孫說、頁四）

△說文古文同。（商說卷三、頁二二下）

（考）說文解字三下史部：「事，職也。从史，之省聲。叓古文事。」（頁五）石經多士：「丕靈承帝事，」古文作㕝，篆文作事。孫氏海波云：「卜辭用吏為事」（甲骨文編三、一九），甲文「吏」作叓（乙2766），叓（同622），叓（京都923）（同上、一、二）等形；金文作叓（小子[illegible]簋），叓（伯矩鼎）□（伊簋），□（毛公鼎），□（師害簋），□（陳猷釜），□（申鼎），□（堋卣），□（堅簋），□（但勺）（金文編三、二八一九）等形。羅氏振玉謂卜辭「事」字，从又持簡書，執事之象也，與史字同意（增訂殷虛書契考釋、中、頁六○上）；金文「事」字作□者，方氏濬益謂字从史持㫃出使者所載，與「旅」字同意，（綴遺齋彝器款識考釋、卷四、頁四）；吳氏大澂謂字从㫃从史，出疆立於旗下，此事字之最古者，（愙齋集古錄冊七、頁四）；又謂：古文事、使一字，象手執簡立於㫃下，史臣奉使之義，（說文古籀補、卷三、頁一五）；林氏義光云：執簡、執㫃皆治事之意，事、史同意，疑本同字而有兩義，（文源）。諸家之說，大致相同。唯「史」字，王氏國維據江氏永周禮疑義舉要云：凡官府簿書謂之中，以為中之本義為簿書即今案卷，史字从又从中；又者，右手，以手持簿書；吏字、事字皆有中字，皆取此義。王氏進而考之謂「中」為盛筭之器，其初當如中形，而於中之上橫鑿空以立筭，達於下横，其中𠀡一直，乃所以持之，且可建之於他器者也。考古者簡與筭為一物，又皆為史之所執，則盛筭之中，蓋亦用以盛簡，簡之多者，自當編之為篇，若數在十簡左右者，盛之於中，其用較便，然則史字从又持中，義為持書之人，與尹之从又持｜者同意矣。史為掌書之官，自古為要職。然殷人卜辭皆以史為事，是尚書事字。周初之器，如毛公鼎、番生敦二器，卿書作事，大史作史，始別為二字，然毛公鼎之事作叓，小子師敦之卿事作叓，師寰敦之嗇事作叓，从中，上有斿，又持之，亦史之繁文，或省作叓，皆所以微與史之本字相別，其實猶是一字也。史之本義，為持書之人，引申而為大官及庶官之稱，又引申而為職事之稱，其後三者各需專字，於是史、吏、事三字於小篆中截然有別，（釋史、定本觀堂集林卷六、頁一一四）。王說為羅代从又持簡書說，林代執簡說之藍本。唯「事」字在甲文作叓，在金文作叓若叓形。然則中是否即如王說所謂「中」字，實有待商榷，蓋甲金文「中」字至多

，罕見如王氏所說之構形者。至金文中變作𠀠，或增斿作𣃦，
不論其上如何作，其下从又（右手）均同。其後演變作吉若吉
若𠀠若𠁅諸形。

石經古文作𡉚者，當是東六國之風韻。考「事」字六國金文作叓若叓形，古鉨作叓（古玉鉨文，說文古籀補三、一五下），叓（事早），叓（事坤），叓（敬事）（說文古籀補補三、九），叓（郭），叓（凝），叓（虹），叓（凝），叓（符）（古璽文字徵三、四下）。古匋作叓（周2212），叓（周80.2），叓（周111.1），叓（史），叓（考1963）形。𠀠漸變作吉作吉作吉作吉作吉作𡉚形，而𡉚即古文作𡉚之所本矣。蓋字之形構合者可分，分者可合，端在字形隨時空而變，約定成俗而定。「事」字之𠀠之分作𡉚亦是人為之因素，書寫寖變所致者也。

23、𣪊

（述）

△□ 殽 同上。（德修謹案、同上者，乃指：「聘」字下云：「此字不知所以。」）（王說、頁三三四四）

△于殽、殽作□。

從口、号聲，此即謼字也，号本得聲於丂，古文以丂為亏，知亏與丂為一音之轉；謼與號、唬、諕、嘷亦一音之轉，集韻六豪豪紐下有號、唬、諕、嘷及崤、殽字，并乎刀切，故此借謼為殽。地名本無正字，太史公自序，悼豪之旅，以豪為殽，此以謼之聲轉為殽，皆依聲託事也。（章說、頁五十五）

△□ 殽 僖卅二 石經殽字古文如此，不知所從。（孫說、頁四）

（考）說文解字三下殳部：「殽，相雜錯也。从殳肴聲。」（頁六下）石經僖公：「晉人及姜戎敗秦師于殽」，古文作□，篆文作殽。考金文有「華」字作□、□（克鼎）、□（華命簋）、□（邾公華鐘）、□（華季盨）、□（華母壺）（

金文編六、一四）；石鼓作𨘋：「亞箬其𠌶」作𠌶（石刻篆文編六、一四下）；古陶作𠌶（周79.8 79.9），𠌶（周79.11）（陶文編六、四二），𠌶（口𠌶口稟口信）；古鉨作𠌶（鐵），𠌶（季），𠌶（華）（古璽文字徵六、三），𠌶（王華），𦾐（古一字鉨）（說文古籀補補六、五下）等形。許書六下𠌶部：「𠌶 艸木華也。从𠂹亏聲。荂 𠌶或从艸从夸。」（頁二下）石經古文「𣪘」字所从𠌶正與金文、陶文、璽文「𠌶」字一脈相承，知章氏解𠌶作从口𠌶聲甚碻。𠌶字其中之亅本一貫相連，然至陶文可分作二半為𠌶形，石經則將古文口（▽）置于其中，因成𠌶形。「𠌶」用作地名，乃本無其字之段借，其後又借形聲字从殳肴聲之「𣪘」字為之，蓋古者地名之字僅標記其音即可，用字本無定居，此例甚夥，不煩殫舉。猶如先秦人名，經籍每多異文，其理亦同也。

24 殺

（述）

△𢦒（殺）與說文殺之古文第二體同。（王說、頁三三二〇）

△殺皆作𢦒。與說文合。（章說、頁二十一）

△𢦒（殺 無逸 僖廿八）按說文殺字古文作𢽎𢦒杀，其第二體與石經古文同。（孫說、頁四）

△說文古文作𢦒杀與此同，汗簡引尚書作𢦒杀寫譌。殺、蔡同音、故通叚。（商說、卷三、頁二四下）

（考）說文解字三下殺部：「𣫞，戮也。从殳杀聲。𢽎古文殺。𢦒古文殺。杀古文殺。」（頁六下一七）石經僖公：「楚殺其大夫得臣」，古文作𢦒，篆文作𣫞；文公：「楚殺其大夫宜申」，古文作𢦒，篆文作𣫞；僖公：「蔡人」，古文作杀。古文作杀者，詳前「蔡」字條；作𢦒若𢦒者，詳拙作說文解字古文釋形考述「殺」字條、頁三七五一九三，茲不復贅言。

25. 變

（述）

△⿰貞攴變 此字汗簡、集韻作⿰鼎彡彭二體，玉篇與日本未改字尚書均作彭。案貞實鼎之古文，古貞、鼎一字，則作彭者殆近之，然於六書皆無可說，闕疑可也。（王說、頁三二二八）

△變亂，變作⿰貞攴。

汗簡彡部有⿰鼎彡彭二形，說為變字。云：出尚書。恐梅氏亦依仿石經，一從鼑，一從貞，此⿰貞攴字左旁為鼑為鼎皆近，以⿰鼎刂作⿰鼎刂例之，實從鼎，非從鼑也。小徐本說文鼎字說解云：古文以貞為鼎，籀文以鼎為貞。今尋薛氏款識，周鼎五十三器，而鼎作鼑者十，是小徐本為有據。鼎以施亨飪，回易生熟，轉化臭味，易序卦曰：革物者莫若鼎，雜卦曰：鼎取新也，呂氏本味曰：鼎中之變，精妙微纖。故古文變從鼎從攴，會意。說文不錄者，以借貞為鼎，造字不當用借耳。其實鼎從貞省（小徐本有），作鼎者乃從貞不省，原是鼎字，非必以貞為鼎

也。（章說、頁三十一）

△□變（無逸） 王國維曰：變字汗簡、集韻作□彭二體，玉篇與日本未改字尚書均作彭。案貞寶鼎之古文，古貞、鼎一字，則作彭者殆近之，然於六書皆無可說，闕疑可也。（孫說、頁四一）

△今文作變。（商說、卷三、頁三二）

（考）說文解字三下攴部：「變，更也。从攴䜌聲。」（頁八）石經無逸：「乃變亂先王之正刑」，古文作□，篆文作變。考「鼎」字金文作□（鼎文），□（卓林父鼎），□（霍鼎），□（冉鼎），□（訟鼎），□（趞曹鼎），□（犀伯鼎），□（□鼎），□（伯旅鼎），□（芮公鼎），□（芮子鼎）（金文編、七、一四下－五下）等形；「貞」字金文作□（□鼎），□（取它人鼎），□（徐𤊻鼎），□（無㝅鼎），□（夜君鼎），□（湏孟生鼎），□（禽肯鼎），□（禽志鼎），□（大子鼎）（金文編七、一六－六下）等形。由上列「鼎」、「貞」二字字形可知，「鼎」字字形之變化，乃分作二部分，一為器體，一為器足，其其象為：由象形圖畫而臻文字化，使線條繁複；再自文字簡化，使字之結構趨於單純，遂致字形與原物愈離愈遠，以致無法分辨。石經古文「變」字所从之貞。若非有汗簡彡部引尚書作鼑若貞彡二形（見中之二、四八下）以為索引，實難以辨別其形構為何。由前引金文「鼎」、「貞（鼎）」二字之變化系統，足以明瞭貞之所从來，今詳析於左：

「鼎」字象形，上象兩耳，中狀其圓腹，下為三足；其後上部象形圖畫文字化後作目形，將耳融合於線條之中，下部本為川形，再變為仆或北，再繁複作非若非形。其後兩耳消失，僅得其體作日若目若▽；其足亦結合作火若爪，再簡化之即成火若亦形矣。古文作貞者，實以貞（大子鼎）形為宗祧也。凡古文字中線可作點，故作貞形。王氏國維於石經「則」字作鼎彡形條云：此从貝，亦鼎之省，䆁君鼎鼎字作貞，褱鼎名鼎硍貝鼎，从貝从貝

變

皆鼎之省（頁三三二八）。「鼎」字既可省作貞，自亦可省作貞形，其理至純而明也。鼎作貞者，源於楚風，楚繒書「則」字从鼎亦作則形（The Ch'u Silk Manuscript — Translation and Commentary P. 262, 263, 265, 272, 274, 276）。愚疑存於漢代之古文以六國文字為多，六國之中，又以楚字為多也。此其端倪之一耳。石經「變」字古文所从鼎之形構，其來有自，於是可徵。章氏謂字从鼎从攴，於六書為會意，可備一說。考三體石經古、篆、隸，雖字形有殊，或結構不同，然其所欲示之音義則一。依此律律之，「⿰鼎攴」與「䜌」二字古本音同，似無疑問。其後古文寖失，其音亦湮沒而不彰，以致無法籀讀者如此。石經「變」字古文从攴貞聲，許書：貞，卜問也。从卜貝，貝為贄。一曰鼎省聲，京房所說。徵諸古文字，以京房氏說為是。由於「鼎」字字形演變推知，「貞」字與「貝」字無涉，後人不察，因以為从卜从貝說解，蓋字从卜貝無所取義也。「貞」字中古音為陟盈切，古音為端紐十一部；而「䜌」字呂員切來紐十四部，从攴䜌聲之「變」則在蕭部十四部（祕戀切），知其古音流動不居，或在古，或在居，唯「貞」、「戀」同在古音也。十一、十四雖不同部，或其韻變之故也。依此律之，「⿰⿱卜鼎攴」當為形聲字，从攴⿱卜鼎聲，「⿱卜鼎」「鼎」古音同，蓋鼎所以知五味之寶器，引申而有變化義，更改義，此聲兼義者也。至於「貞」字，从卜龜爻，均於鼎上攷也，字因此从卜从鼎作。

26. 敗

（述）

△ ⿰鼎刂 敗

說文刀部⿰鼎刂古文則，又攴部⿰賏攴籀文敗，此誤以則為敗，古文四聲韻引石經與此同。（王說、頁三三三八）

△楚師敗績，敗作⿰鼎刂，晉人敗狄于箕同。

左從二貝，上貝省作目，猶具字從貝省作目也。此本古文則字而用為敗，如貝鼎相背之例，誠有不可知者。且經中此字數見，非有譌也。至如傳及論語所稱司敗，蓋亦古文作⿰鼎刂，治古文者循例讀之，恐正當讀如字，即墨子引呂刑所謂則刑，或以聲讀為賊，如漢之賊曹耳。然說文：賊、敗也，義亦相通。（章說、頁四六一七）

△⿰賏刂 僖廿 敗 桉余林鈺作⿰賏攵，說文古文及汗簡並作⿰賏攵，此誤以則為敗字。（孫說、頁四）

△古文誤以則為敗，說文則古文⿰賏刂，敗籀文⿰賏攵，汗簡引尚書與古文四聲韻、隸續皆同籀文。（商說、卷三、頁三二下）

又：石經借為敗，敗字重文。玉篇古文作⿰賏刂、⿰鼎刂。（商說、卷四、頁一七）

（考）說文解字三下攴部：「敗，毀也，从攴貝。敗、賊皆从貝，會意。⿰賏攵，籀文敗从賏。」（頁八下）石經僖公：「楚師敗績」，古文作⿰賏刂，篆文作⿰賏攴。石經古文敗字从刀作⿰賏刂，王氏謂「此誤以則為敗」，其以許書為準繩衡量之也。四下刀部：「⿰貝刂 等畫物也。从刀从貝。貝，古之物貨也。⿰賏刂 古文則。⿰鼎刂 亦古文則。⿰鼎刂 籀文則从鼎。」（頁七）「則」之古文作

⿱貝⿰貝刀，敗之古文作䝳，均从二貝，一从攴，一从刀，攴刀於偏旁可以互通，蓋攴訓小擊，刀，兵也，亦可以擊之，造字从攴或刀為義符，實無不可，故許書攴部：「⿸厂⿰己攴」或从刀作⿸厂⿰己刂，即其例也。以此例之，敗字可以攴作，亦可以刀作。考金文有「則」字均从鼎作，如：⿰鼎刂（南攸比鼎），⿰鼎刂（兮甲盤），⿰鼎刂（曶鼎），⿰鼎刂（召伯簋），⿰鼎刂（盠駒尊），⿰鼎刂（散盤），⿰鼎刂（齊侯壺），⿰鼎刂（格伯簋），⿰鼎刂（𩿅羌鐘），⿰鼎刂（曾子簠），⿰鼎刂（段簋）（德修謹案：劉心原：字从累鼎者，更繁之耳（見奇觚室吉金文述卷四、頁七））（金文編四、一三）等形。舉凡自周初至六國均如此作，無一例外。考銘文辭例，「則」字之用法如左：

△分田邑⿰鼎刂放　攸衛牧⿰鼎刂誓—南攸比鼎（三代四、三五下）

△敢不用令⿰鼎刂即井（刑）　⿰鼎刂亦井（刑）—兮甲盤（三代十七、二十）

△限詁曰㬰，𠟭卑（俾）我賞（償）馬，

曶𠟭拜稽首　㬰𠟭卑（俾）復令（命）曰

𠟭付卅秭—曶鼎（三代四、四五下—六）

△白（伯）氏𠟭報璧琱生—召伯簋（三代九、二十一，羅氏

作「召白虎簋」）

△𠟭萬年保我萬宗—盠駒尊（出土拓本）

△𠟭差千罰千　䰾且巽旅𠟭誓

西宮襄武父𠟭誓—散盤（三代十七、二十二）

△碁（期）則爾碁—齊侯壺（三代十二、三十三上）

△𠟭析格谷杜木—格伯簋（三代九、十五）

△用明則（載）之于銘—驫羌鐘（三代一、三十二）

△𠟭永祐福（福）—曾子簋（三代十、六下）

△令（命）龔𢦚遺大𠟭（則）于段—段簋（德修謹案：郭某

云「則」即采地，謂宰割土地。土地之宰割有大有小，故

此言「大則」（見兩周金文辭大系考釋、頁五一）；其說

然否，待考。」（三代八、五十四）

「劇」字多作連接語氣詞，使詞句之語氣轉折有力。金文中有「敗」字，从二貝作䝈（南彊鉦），其辭曰：

△女（汝）勿喪勿敗（敗）（三代十八、五）

「敗」字作動詞，「則」、「敗」二字字義殊異，形構不同，辭例迥別，以殺涇渭分明，本不相混淆。「鼎」、「貝」二字至六國以後，寖趨形近混淆之勢，如「貞」字本从鼎作，然其鼎字竟省變作成貞（沖子鼎），作貞（右官宮鼎）形（金文編七、一六下），而「貝」字亦簡化作貝（召伯簋），貝（「賢」字偏旁，賢簋），貝（「貣」字偏旁，貣車之斧）（金文編六、一七）形，與「鼎」字幾可亂真。是故「則」字有从貝作者，如：廿六年詔權量：「乃詔丞相狀綰灋度量則」之則字，器一至六皆从鼎作𠟭形（德修謹案：以「又二器」所作為代表），器七从貝作則（見秦金文錄廿四－八），他如廿六年詔權亦是一作𠟭一作則，至漢陽泉熏爐、鳳凰竟僅从貝作則，則形（金文續編四、八）

敗

。愚嘗言之：「則」字秦始皇一文字之前从鼎作，一文字時从鼎从貝許用，秦以後僅从貝作。」（說文解字古文釋形考述、頁五一一）石經古文乃六國文字，而許君所採時已有漢人鼎、貝混用後之觀念，或不明秦以前「則」字从鼎不从貝之理，因此以从貝者為正篆之眼光衡之，將从刀之𠟭（敗）納入「則」字下以為古文。自許君以下一千八百年幾成定論，今得金文「則」字之系統，明是先秦「則」字从鼎之例，將古文「則」作「𠟭」者還原為「敗」之古文，則知石經「楚師敗績」古文作𠟭者之不誣也。字本从二貝，此上从貝而作目形者乃簡省之故也。

至於秦一文字時，何以「則」字或从鼎或从貝許用？蓋秦「書同文字的推行，並不以秦之故地為對象，而是以新征服的六國人民為對象的」；旨在「摧毀被征服地固有文化」，（說見侯氏錦郎．新郪虎符的再現．故宮季刊十卷一期．頁七二）是故其詔文並未標準化，「則」字从鼎从貝，悉聽尊便。

27.庸

〔述〕

△[字形]庸　案說文𩫏部：𩫏，用也。从亯从自，自知臭香（段注：以香為𩫏之譌是也）所食也。讀若庸同。考此字與𩫖本為一字，說文土部：𩫖古文墉。其字殷虛卜辭作[字形]，毛公鼎作[字形]，召伯虎敦作[字形]，拍尊蓋作[字形]，此作[字形]。𩫏、𩫖二字，由[字形][字形]遞變，其迹顯然。石經春秋僖公：𩫖字作[字形]，不从𩫖而从𩫏，亦其證也。沿用既久，遂分為二字二義，許書𩫖部又以𩫖為篆文城郭字，則又分為三。此以𩫏為庸，當本壁中古文為說文𩫏字音義之所自出。此又可證說文正字中，頗多古文，不皆篆文也。（王說、頁三三三三一四）

△天弗庸，庸作[字形]。

偺𩫏為庸。（章說、頁四五）

△[字形]（君奭𩫏）　桉此字說文三見：𩫖下云：度也，民所度居也。从回，象城郭之重，兩亭相對也。又土部𩫖，古文庸。

又亯部：𩫖，用也。从亯从自。自知香臭所食。讀若庸同。甲骨文作𩫖前二、二一、四，𩫖四、十、七；金文召伯虎𣪘作𩫖，毛公鼎作𩫖，國差𦉜作𩫖，周公𣪘作𩫖，拍舟作𩫖。王國維謂：𩫖、𩫖本一字，𩫖為𩫖之譌變，猶𩫖為𩫖之譌變，其跡甚明。而由說文𩫖字之讀，又可知𩫏本古文墉字。召伯虎𣪘之僕𩫖土田，即詩魯頌之土田附庸，左氏傳之土田陪敦也。國差𦉜之西𩫏寶𦉜，即西墉寶𦉜也。然則𩫏本墉字，此假為庸。敦煌本未改字尚書釋文云：登庸古作𩫖，與此同。（孫說，頁六）

（考）說文解字三下用部：「庸，用也。从用从庚；庚，更事也。易曰：先庚三日。」（頁十）五下𩫏部：「𩫏，度也，民所度居也。从回，象城𩫏之重，兩亭相對也。或但从口。」（頁五）十三下土部：「墉，城垣也。从土庸聲。𩫏，古文墉。」（頁四下）石經君奭：「天弗庸釋于文王受命」，古文作𩫖，篆文作庸；品式石經咎繇謨：「五刑五庸哉乚，古文作□，篆文作庸。甲骨文作□（燕584），□（乙481），□（粹715），□（粹717），□（粹720），□（前8.10.1）（甲骨文編、五、二一）；金文作□（毛公鼎），□（師鼎），□（享鼎），□（國差鑰），□（井侯簋），□（召伯簋），□（拍敦蓋）（金文編、五、三三下）等形。考釋此字者多家，以王氏國維之說最為詳贍，信而有徵，今采其說，其言曰：「般虛卜辭有□字，象四屋相對，中函一庭之形。又有□字，當即此字之省也。是許君以𩫖、𩫏為二字，又以𩫏字分為二字，其實本是一字；□為□之變，猶□為□之變形，其跡甚明。此二字只是古文墉字。古者先有宮室，而後有城郭；必先有宮室之垣墉，而後有城郭之垣墉。（德修謹案：河南鄭州二里岡殷初期遺址僅有宮室之垣墉，至湖北盤龍城殷中期遺址則方有城郭之垣墉，可徵王說之不誣也。（詳拙作「考工記科技思想初探」）」則凡从𩫖之字，非取象於城郭而取象於宮室也必矣。又𩫖𩫖字上下所从之介及介，實象屋形。更分析之，則亼入象屋，而下二直‖象其垣墉，故高、京、亭諸字，兼取象於△及‖；而𩫖、𩫛、𩫌諸字，但取象於屋下之二‖，以‖不足以象垣墉，故必以介介象之，義各有所當也。然則𩫖𩫖之為字，實象兩屋相對之形，而非象兩亭相對之形，則𩫖字之為四屋相對之形，又可決矣，（明堂寢廟通考。收在初本觀堂集林．卷三，又見甲骨學文字編．五．九下一十引），是也。則「𩫖」本是「墉」之初文。

石經古文作𩫖若𩫖若𩫖形者，殆自金文作𩫖若𩫖形者變而來；猶𩫖若𩫖自𩫖若𩫖形演變而來者然。字作𩫖形者，因其中作○形，圓中可以增點即成⊙形；其下之𩫖形係受○同化作用而作𩫖形；其後也，𩫖之頂端受𩫖之類化作用而斷觸實鏡，即成𩫖形；更經者變成𩫖形，本作線條者又可爰為成小圓點，則作介形矣。字之上半作介形者，始終未變，二者合成𩫖形。石經另一古文其下作介形者，蓋又自[illegible]形變化而來，疑一氣呵成書寫作[illegible]形較作[illegible]形難，因分二筆作[illegible]形。二古文「𩫖」字，其上半仍存象屋垣墉形，殆使人易於識別故也。此石經古文作[illegible]若[illegible]形之緣由。尚書君奭古文假「墉」之初文「𩫖」為「庸」字，「𩫖」、「庸」二字在古文字中，本是二系，互不相謀，但因古音相同，而有假借現象於古文經典中出見。

28.烏

〔述〕

△𦾔烏與說文古文同。（王說、頁三三二六）

△於皆作𦾔。

與說文合。（章說、頁一九）

△𦾔（無逸君奭烏於）說文烏字，古文作𦾔、𦾔，金文余義鐘作𦾔，泉文作「𦾔」、𦾔，鉩文作𦾔，匋文作𦾔，汗簡引碧落文作𦾔、𦾔、𦾔，並與此近似。（孫說、頁四下）

△說文古文作𦾔。（商說、卷四、九下）

〔考〕說文解字四上烏部：「𦾔，孝烏也。孔子曰：烏盱呼也，取其助气，故以為烏呼。𦾔古文烏，象形。𦾔象古文烏省。」石經君奭：「烏虖君已曰」，古文作𦾔，篆文作𦾔。字之形構象鳥飛翽翽，振動羽翮之形。至於石經古文形構與許書古文同，其變遷之所由，可參看拙作說文解字古文釋形考述、「烏」字條、頁四五〇－五三，此不復贅言。

。

29. 惠

△𢟍惠 此字諸外，齊子仲姜鎛作𢟍，與此略近。（王說頁三三二七）

△惠作𢟍。

惠從叀，叀訓小謹，字本作𠭊，從屮從幺，變為叀，又省為𢆶，皆筆迹之異。（章說、頁三〇）

△𢟍無逸惠 桉鉨文作𢟍，與此近似。（孫說、頁四下）

△汗簡引裴光遠集字同。（商說、卷四、頁十一）

（考）說文解字四下叀部：「𢟍仁也。从心从叀。𢟍古文惠从芔。」（頁一下）石經無逸：「眉保惠」，古文作𢟍；篆文作𢟍；品式石經咎繇謨：「朕言惠可底行」，古文作𢟍。「惠」字从叀，而叀之初形為紡專（請參閱拙作說文解字古文釋形考述，「叀」字條，頁四七一－九），茲不贅述。古文作叀作𠁩者，乃簡省耳。金文有「惠」字作惠（王孫鐘），惠（齊鎛），惠惠（邾大宰簠），惠（沏其簋）（金文編、四、一七）等形，字从心从叀，與許君說解同。石經古文从心與金文同，而其上作𠁩者，乃自叀簡省而來。叀下之∪形可簡省，故鉩文作惠若惠形（漢印文字徵、四、十）可徵。而字作田形者可省作日形，（如齊鎛，而同簋、禹比盨「叀」字均作日形），又可再簡省作⊙形，斯例綦多，如「祈」字金文从㫃單聲作旂（頌簋），省作旂（番君簠），又省作旂（太師子大孟姜匜）；「召」字金文作召（召伯簋二），省作召（禹鼎）；「畫」字金文作畫（吳方彝），省作畫（輔侯鼎），其田省作口形；「畏」字作畏（王孫鐘）可省作畏（沇兒鐘）形，均是其例。由是可知，「惠」字石經古文作惠者，實自兩周金文簡省而來，特具六國風味者也。

30. 予

〔述〕

△𢆶予　此字亦以篆文為正，石經周書予字古文皆作𠊽，金文則作余，作余，此曲禮鄭氏注所謂：余予古今字也。獨此作𢆶，蓋非一人所書，說見前。（王說、頁三三一八）

△予其曰，予作𠊽，君奭予小子同。說文：余從舍省聲，此不省，舍字下從口，當正方，此筆勢小異。（章說、頁二十五）

△𢆶予品字式皋繇謨　𠊽多士君奭　案𠊽即余字，說文：余，語之舒也。从八，舍省聲。此从舍不省，尚書皆假余為予之古文。惟品字式作𢆶，知三字直下尚書與品字式本古文不同。

〔孫說、頁四下〕

△汗簡引石經作𠊽，隸續與同。（商說、卷四、頁一二）

〔考〕說文解字四下予部：「𢆶　推予也，象相予之形。」

〔頁二〕二上八部：「余　語之舒也。从八，舍省聲。」〔

予

頁一下）又五下亼部：「舍 市居曰舍。亼中，象屋也；口，象築也，」（頁三下）石經多士：「予其曰」，古文作𠓠，篆文作予。余、予古今字，均當先後段借作第一人稱代名詞，王說甚是。余字，其始也僅作余形，故容氏庚云：「余為余之古文，余字从𠤎。說文余从八舍省聲，非，（金文編、二、四下）是也。甲骨文作余（甲270），余（鄴初29.4），余（甲3103），余（後2.35.3），（甲骨文編、二、二下一三）；金文作余（盂鼎），余（𦉢鼎），余（散盤），余（吉日壬午劍）；其後孳乳為余（南疆鉦），余（齊鎛），余（陳財簋），余（欒書缶）（金文編、二、四下一五）等形。「余」字之形構，葉氏玉森謂：上从口，下从手，以手指口為余，猶手指鼻為為自，余予古今字，（說契、頁六）；李氏孝定云：契文上似从A（許訓集之A），下似从中或从木，其義不詳，而于卜辭則用為余、我字，（見甲骨文字集釋、頁二七八）；郭某以為作「余」在銘文器屬西周者，「余」

則為東周，并謂余即稌之古文。（釋非余、金文叢攷、頁二五二—三）；吳氏其昌謂余為矢鏃形所變化者，（金文名象疏證兵器篇、武大文哲季刊、卷六、一期、頁一九五—一八）；高氏鴻縉以為：余，茅舍之本字，从屮亼，會意。（屮，同艸；亼，屋宇也，象形，音集）；余，語之舒也，从八（口气越于形），余聲，（散盤集釋、頁六一）；又謂：舍今有二義：一為茅舍，名詞；一為施舍，動詞。茅舍之舍，原作余，从屮，从亼（屋極之象形文），會意，或作余从木，从亼，會意，皆謂草木房舍也。施舍之舍作舍，从口，口以命之也，余聲。後人用字，率皆通叚施舍字兼代茅舍字，久之而余字廢，（中國字例五篇、頁一五一—二）；聞氏一多曰：古未有犂時，以刀耕，而其刀即余，然則余殆即犂之前身，（釋余．聞一多全集、頁五五九—六二）；張日昇从聞說，云：聞氏以為臿刀之象形，其說近是。然尚有一疑未能決者，即臿刀柄上之橫畫，愚亦曾假設余為農具，用以起土，柄上橫畫乃所以踏腳施力者。然此橫畫除呂鼎作今外，餘皆兩端微斜上向，甲骨文亦同，如此則不能施腳力，故至今未能定也，（金文詁林，頁五一二一三）。

今細案以上諸說，試加比較分析如下：葉氏謂「余」字上从口，下从手，與字形相隔一間，未必然也。郭某之論，聞氏已辨其非（見釋余）；吳氏之見，張日昇亦已言其誤，（見金文詁林，頁五一二二）；張氏又評高說曰：

「今謂屮乃屮，以見茅舍之誼，然屮居A下，與从艸為會意之字，艸居上的慣例不合，此其可疑也。金文有余舍兩字，余皆用作第一人稱代詞，而舍則作動詞與也，絕無半點屋舍之消息。」（同上）

至於聞說乃本諸淮南、集韻、周頌、元稹詩、易无妄與二董遇注等文獻資料，加以傳會想像而謂「余」即會刀之象形。其說也，既不合字形，又不諳辭例。而張氏竟從其說，又謂「尚有一疑未能決者」，知聞、張二氏之說尚有待商榷。

予

考「令」、「余」、「舍」三字本是一系，高氏說雖與事實未符，然其解字之方向則極為正確。說解字形之先決條件，必與先民之生活相結合，與古代事物互發明。蓋初民造字必有所本，而非憑空想像，且夫必與斯時之環境背景、生活習性息息相關。欲明古人起居生活，必先藉諸考古學之成就，依其資料以了解初民生活之真象，並非訴諸想像，純粹揣測，徒託空言者也。說文解字敍言及古人造字為：仰則觀象於天，俯則觀法於地，視鳥獸之文，與地之宜，近取諸身，遠取諸物。古人造字之事實既是如此，如今說解文字焉可不復如此？不然，群起而胡猜，則猜者愈眾，而去道則益遠，於字無補，何所用哉？關於史前中國屋舍之建築，自六千年前之西安半坡至三千年上下之城子崖，論之最扼要者當推綮東方博士，其言曰：

「較早的中國房屋，是圓形的，一半或一大半在地平線下地上的部份，撐起木柱，加上屋頂。這便是所謂「穴居」。
純粹只有圓屋的遺址，尚無所聞。安陽後岡下層有圓屋，也有方屋。這律壹與半坡村圓屋多，其他形式的房屋少。半坡除了圓屋、方屋外，有長方形的「大屋」一座，長二十公尺，寬十二公尺半，似乎是當時「首長」的住宅，有些考古家認為是集會之所。長安縣開瑞莊有圓屋，長方屋，而無方屋，每屋有一室或兩室。南呂二郎岡遺址有八座房屋被發現，其中的多數是長方形的。城子崖的房屋，也是以圓的為最多，直徑在四公尺左右；半坡村的圓屋有大有小，直徑也是在三公尺與五公尺之間。屋內地面，鋪了泥草的混合物，再在這混合物上面鋪一層熟石灰。這種方式，和半坡村的及洛渭汾地域若干其他遺址的一樣。屋內的牆，在長安縣米家宕與華縣外子城粉了一層熟石灰。

洛渭地域的「穴居」圓屋，屋內地面常在屋外地面之下。城子崖只有少數房屋如此，由屋門進內，要走幾級土階。陝縣廟底溝上層的圓屋，屋內有土階通向地下室。」（細說史前中國，頁一二九—一三一）

以上資料係得自科學考古挖掘報告，其可靠性自高於聞代所徵引之傳世資料。古文字之「仝」若「余」字，實即象中國古代屋舍，一半或一大半在地平線下，地上部份撐以木柱，再蓋上屋頂之形。字之作∧形者象屋頂形，ψ若屮者象木柱也。古人穴居，於典籍亦可徵知：

△周易繫辭下：「上古穴居而野處」，（周易王韓注、卷八、頁三）。

△詩大雅緜篇：「古公亶父，陶復陶穴，未有家室。」鄭箋：「復者，復於土上；鑿地曰穴，皆如陶然。」（毛詩鄭箋、卷一六，頁五）

△禮記禮運篇：「昔者先王未有宮室，冬則居營窟，夏則

居檟巢。」（禮記注疏、卷廿一、頁十一）此為經籍上之證據。許書「余」字下云：「从八，舍省聲」，雖以「余」之假借義說之，惟其以「舍省聲」說解字形，猶存「余」、「舍」二字在上古有關係之線索。今从考古、經籍之資料證實「余」與「舍」本是同義之古今字，則「余」之本義亦與「舍」字有密不可分之關係。許君於「舍」字下云：「从A屮，象屋也」（即說解「余」字之形構），實存「余」字之初形本義，其作口者，正象古者穴居「一半或一大半在地平線下」之坎穴狀。考金文「舍」字从仐（或余）从口作：舍、舍（矢方彝），舍（令鼎），舍（矢尊），舍（毛公鼎），舍（善夫克鼎），舍（散盤），舍（復公子簋），舍（舍父鼎），舍（居簋）等形。其形狀正與考古發掘報告所言古人所居屋舍相脗合。是故「舍」字初形為象屋舍形，所示即屋舍之誼，許君說解作「市居」僅得其一端耳。唯許書說解字形則最碻。當「余」字假借作第一人稱代名詞後，久假不歸。以致「余我」義與「屋舍」義混淆不清，已失中國文字一字一形一音一義之原則與功效，故自「余」字孳乳為「舍」字，還其本原，遂增「口」以為形符，作為區別。「舍」字于銘文作動詞用，其義為施與，為其引申義而非本義。再考凡从「余」或「舍」之字有伸展、舒緩、安饒諸義，如：舒，伸也；捨，釋也；舍，語之舒也；徐，安行也；敘，次第也；筡，析竹笢也；餘，饒也；賒，貰買也；稌，稻也；徐，緩也；悆，喜也；捈，臥引也；斜，抒也；除，殿階也，（見說文通訓定聲、豫部第九，頁百六一一十）等是。以上諸義殆自「屋舍」誼引申而來，屋舍所以蔽風雨，防野獸，禦強敵，人屋其中，自有伸展、舒緩、安饒義在。至於張日昇謂字有尖銳義，未知何所本耶？

石經古文「舍」字作舍形，乃承自金文作舍（居簋）若舍（敔簋），古鉩作舍（說文古籀補補、五、七）者而來。字所从之「余」所以作余形者，蓋字之增繁，而非从八也。

古文字中常見斯例，如金文「丙」字作𠔀（古伯尊）作丙（鄦侯簋），「黃」字作黃（齊侯壺）作黃（齊陳曼簠），「辛」字作辛（辛鼎）作辛（𦖞簋），「赤」字作赤（曾壺）作赤（邾公華鐘），「膚」字作膚（兮甲盤）作膚（齊鎛）等，均是也。此在經文中作第一人稱代名詞，乃屬本無其字之段借。

引亂

「述」

△䜌亂 古文四聲韻引石經作𤔔，與此小異。案說文言部䜌古文䜌，又𠬪部𤔔古文𤔔，二字音義皆同，殆係一字，觀女部㜻，籀文作孌可悟。敦煌本未改字尚書亂作䜌，亦作𤔔。（王說、頁三三二六—七）

△亂作䜌，變亂，亂𤔔訓同。

說文此為古文䜌字，䜌，亂也，䜌亂聲義同。（章說

（頁二九）

△𤔲無逸篇 說文：𤔔，治也，幺子相亂，𠬪治之也。讀若亂同。古文作𤔲。石經亂古文作𤔲，即𤔔字；毛公鼎作𤔲，形與此同，可證。古文四聲韻引石經作𤔲，則又譌𤔔為䜌矣。（孫說、頁四下一五）

△說文古文作𤔲，亂字重文。（商說、卷四、頁一二下）

（考）說文解字四下𠬪部：「𤔔，治也。幺子相亂，𠬪，治之也。讀若亂同。一曰理也。𤔲古文𤔔。」（頁二）石經無逸：「乃變亂先王之正刑」，古文作𤔲，篆文作亂；又「無若殷王受之迷亂」，篆文作亂。古文所作乃从𠬪（爫之治絲（𤔔）形，左右之▽▽乃糸作𠂤之簡省後，受所以言食之「口」同化作用而成▽形。字从三糸作者，所以示其絲多紛亂耳。是故此字具有一體兩面，同時存在之條件，即其治絲觀之，則有「治」誼；即其「絲」狀視之，則有「亂」義，由於𠂤受▽同化作用後，而其形近古文「言」字，則「䜌」字乃自「䜌」譌變；另由「䜌」之簡媘而成「亂」字；其孳乳而作「亂」字，此石經篆文所自昉。許書十二下女部：「嬽，順也。从女䜌聲。詩曰：婉兮嬽兮。𡣀，籀文嬽。」（頁二下）可為徵信。至於字之形構及流衍，與𢆶、𢇁、䜌、亂之間彼此之關係，請參閱拙作說文解字古文釋形考述「䜌」字條，頁二六二～一七一，茲不復贅述。

32. 受

〔述〕

△𠭥受　此與般周古文略同，但舟字之形稍失耳。（王說、頁三三三〇）

△君夫上段石，我有周既受，受作𠭥。

受本從舟省聲，此不省，古銅器款識皆然。又此篆作𤔔，多士辭字篆文左旁亦作𤔔，較今說文筆畫有增，唯作月，故與月相近，若再省作几，與月絕不相似矣，恐今

說文轉寫有誤也。隸亦作𤔔，漢碑多如此。（章說、頁三四－五）

△□君奭受　按金文頌鼎作□，毛公鼎作□，形與此同。（孫說、頁五）

△汗簡引尚書同，引石經作□，有捝畫。（商說、卷四、頁三下）

（考）說文解字四下𠬪部：「□，相付也。从𠬪，舟省聲。」（頁二下）石經君奭：「我有周既受」，古文作□，篆文作□。甲骨文作□（前5.23.2），□（燕130），□（戩22.1）（甲骨文編、四、二〇下－二一）；金文作□（尊文），□（□受且丁尊），□（亞若癸簋），□（毛公鼎），□（㝬弔多父盤），□（國差𦉜），□（蔡侯盤），□（者沪鐘）（金文編、四、一七下－一八）等形。羅氏振玉釋契文曰：古金文皆从舟不省，與此同，象授受形，與「與」同意。□或作□，或作□，皆手形非「爪」也，（增訂殷虛書契考釋、中、頁六二下）；李氏孝定釋受字所从之「舟」，云：此所云「舟」，即周禮春官司尊彝「春祠、夏禴祼，用雞彝、鳥彝，皆有舟」之舟。鄭司農云：「舟，尊下臺，若今時承槃」；疑契文、金文受字所从之月若日即「槃」之古文。卜辭槃作凡「即凡字」），與此正同，後形稍變作月，遂與舟車字相混耳。「槃」作月，象形，吾鄉舊時猶有此物，或作長方形，間亦作圓形，皆所以盛物相受授者，故制字象之，（德傳謹案：今鯤島民間喜宴尚用之，名曰托槃。）古文受授亦同字，（甲骨文字集釋、頁一四四四）。其說詳贍，最為精確。

金文「受」字本从二又，其後變作𤔔形；而舟（槃）形大致不差，唯蔡侯盤作月，將「舟」字末畫延長，已肇石經古文「舟」字作月形之端倪。由此可見，石經古文「受」字及隸六國文字之風而來者也。至於許書小篆作𠬪形者，誠如章說，蓋轉寫有誤。字原从舟作月形者，後者作月若冂（石經篆文」形。斯理也，金章說外，尚有日人高田忠周氏亦嘗言及：說文受，相付也，从𠬪舟省聲，蓋似有誤者。冂與舟，形迴遠，而漢瓦文作冃，漢鏡、漢量並作冂，稍與舟相近。說文亦當作受，後人轉寫奪一筆耳，（古籀篇、六一、頁一四）是也。考漢金文「受」字，如新嘉量作受，角王巨虛竟作受，安陵鼎蓋作受，熹平三年竟作受，竟寧雁足鐙作受，（金文續編、四、六）等形。由其演變，得知冃形之下一橫畫有退化萎縮之趨勢，而即簡化之朕兆。此畫一由長而短，終至字之「一」與「又」合而為一，所以前引鐙文之「又」形，實「一」與「又」合文而成又形，後人不察，僅殘餘作「又」形矣。此許書所作受形所自昉也。此說若然，則許書篆文本如是作而非後轉寫奪一筆耳。

33. 薨

〔述〕

△[glyph]薨 此从古文歺。（王說，頁三三四五）

△公[glyph]，[glyph]作[glyph]。

從古文歺。（章說，頁五六）

△[glyph]薨僖卅 桉此从古文死字。（孫說，頁五）

（考）說文解字四下歺部：「[glyph]，公侯殚也。从死，瞢省聲。」（頁三下）石經僖公：「公薨于小寢」，古文作[glyph]，篆文作[glyph]。甲骨文作[glyph]（甲1165），[glyph]（乙105），[glyph]（前5.41.3）；金文作[glyph]（盂鼎），[glyph]（頌壺），[glyph]（追簋），[glyph]（齊鎛），此均為「死」之形構。羅氏振玉釋契文「死」字，謂：象生人拜於朽骨之旁，「死」之義昭然矣，（見增訂殷虛書契考釋，中，頁五三下）是也。甲金文均从歺从人作。古文「薨」字从瞢省，（四上苜部：「瞢，目不明也。从苜从旬；旬，目數搖也。」（頁六下）石經古文所从之「𦫳」多作从，如「茍」字作[glyph]（見「茍」字條），葡字作[glyph]（石刻篆文編，三、三四），即是其例。「目」字作[glyph]者

亦古文也，（見拙作說文解字古文釋形考述「目」字條）
，故莧字作[glyph]形。至於所从肖形者，乃自金文[glyph]（齊鎛）
簡省而來，从肖者从人，即从古文「死」省也。以上為石經
古文構形之由來。王說从肖作，章、孫二氏謂从古文死，均
尚隔一間耳。

34.則

〔述〕

△[鼎彡]則　說文[鼎刂]籀文則，古金文則字亦多作[鼎刂]，秦權量銘猶
然。此从鼎，亦鼎之省，夜君鼎鼎字作[glyph]，裹鼎、名鼎曰
：[glyph]、[glyph]，从鼎或从鼎，皆鼎之省也。則右从彡，古惟利
字為然。魏石經刀部字無不从彡者，蓋以是為刀字也。（
王說，頁三三二八）

△尚書，則皆作[鼎彡]。

說文作[鼎刂]，籀文則也。此左亦從鼎，筆勢小異，右彡亦

刀之變，知古文利作㓉之比。（章說、頁一八）

△𠟭無逸 則 君奭 桉說文則古文作𠟭𠟭，籀文作𠟭，金文作𠟭𠟭𠟭𠟭，均與此異。蓋石經以𠟭當敗字古文，故譌𠟭為則。（孫說、頁五）

△汗簡引義雲章从𡉚，隸續从𡉚為鼎之省。（商說、卷四、頁一七下）

（考）說文解字四下刀部：「則，等畫物也。从刀从貝。貝，古之物貨也。𠟭，古文則。𠟭亦古文則。𠟭籀文則从鼎。」（頁七）石經君奭：「則商實」，古文作𠟭，篆文作則。金文均从鼎作（見「敗」字條引），王說是也。字所以从刀从鼎作者，各家有說焉：如朱氏駿聲云：刀者刻畫鼎文也，鼎者重器，故以為科則之稱，爾雅釋詁：則，法也；則，常也，（頤部第五、頁百十六）；林氏義光謂从刀者分之意，又鼎為分器，亦可等畫之物也，（文源）；郭某謂从刀从鼎，當是宰割之「宰」本字，（見兩周金文辭大系考釋、頁五

○下、段毀）。容氏庚引朱說，許謂：刀者刻畫鼎示也，故則有刻畫意，（善齋彝器圖錄．頁四．厵羌鐘）。以上諸說，於理未瑩。鼎為宗廟重器，亦為煮肉之常器，「匕」者乃「匙」之初文，所以取肉也。蓋以「匕」取肉不患寡而患不均，故字从匕从鼎，以會均等之意，引申而有原則、規則諸，許書作「等畫物」之訓，亦屬引申義。石經古文「則」所从鼎字作貝形，與毀字古文所从者同，皆源自六國楚文，如「鼑」字所从之「鼎」，酓肯鼎作貝，酓忎鼎作貝（金文編、七、一六下）形，此二器均為楚物，與古文所作全同。「匕」字作彡者，因「匕」、「刀」二字在甲、金文形近易混，是故古文「則」字本从匕而訛作古文刀形，猶「利」字之古文作𥝢形。商氏承祚說解古文「利」，云：「甲骨文作𥝢𥝢，象以刀割禾，彡者禾之皮屑，示刀利意也，寫失則為彡。金文師遽尊作𥝢，利鼎作𥝢，意更明白。」（說文中之古文攷、頁三八）是也。

35.劃

〔述〕

△㓱劃　此字右从刀，左不知所从。玉篇、汗簡、集錄所錄之古文與此略同。（王說、頁三三二三）

△有命曰劃般，劃作㓱。

按此字右從刀，左從奇字倉，汗簡刀部有㓱，引孫強說為創字，形聲皆合。古文刃刀多相變，則㓱㓱同字，不解何以用為劃字，汗簡刀部又有㓱字，以為古文劃，與此筆勢有異。集韻十四太作創，云：制斷也。書創申勸寧王之德，鄭康成讀。今莫高窟所出尚書音義，堯典方劃作創，皆㓱字隸變。段氏謂創左旁當從囟，然今石經㓱字，形甚分明，與囟不類。由今論之：讀㓱為創，似合。唯奇字之學，始於揚雄，王莽取以備六體，雄蓋別有師授，當孔安國讀壁經時，固不仞仝為倉，亦不仞㓱為創也。按說文：仝，完也。从入，从工，篆文作全，而石鼓工作玉，則全乃籀文仝字，施刀於全者為割，猶施攴於完者為寇，乃會意字，非形聲字。孔意或如是歟。（章說，頁二四一五）

△⿰全刃 割多士 按說文：割，剝也。从刀害聲。無叀鼎作割，此从古文倉，汗簡創字引孫強集字作⿰全刃，與此近似。然汗簡別出割字作⿰仺刃，未詳所从。（孫說，頁五）

△汗簡引尚書割作仺，謒从⿱乂仺，此與說文奇字倉同。倉字未知其審，創字重文。（商說，卷四，頁一八）

（考）說文解字四下刀部：「割，剝也。从刀害聲。」（頁七）又刃部：「刅，傷也。从刃从一。創或从刀倉聲。」（一頁八）五下倉部：「倉，穀藏也，倉黃取而藏之，故謂之倉，从食省，口象倉形。仺奇字倉。」（三下）七下宀部：「害，傷也。从宀从口，宀口言从家起也，丯聲。」（頁三）石經多士：「有命曰割殷」，古文作⿰全刃，篆文作割。考汗簡刀部引尚書有「割」字作㓷形，刃部引孫強集字有「創」字作剑形（上之二、頁廿一）；倉部有「倉」字作仝形（上之二、頁廿六下），與許書古文同。古文四聲韻唐第十有「倉」字引古老子作仝，引汗簡作仝，引古尚書作㭘，引黃惟恭黃庭經作仝，崔希裕纂古作𠆹蒼𠆹諸形；又有「蒼」字引林罕集字作𦬆，籀韻作𠆹；又有「滄」字引古尚書作滄，引崔希裕纂古作滄（卷二、頁一七）等形。「倉」字古文，夏氏竦所見有仝↓仝↓㭘↓㭘，隸定為仓↓仓↓仚↓仚諸形。同書曷第十三有「割」字引古老子作剑若㓷，籀韻作劒形（卷五、頁十一下）。

綜合論之，汗簡古文「割」字作㓷形，古文四聲韻古文「倉」字有作㭘㭘形，其上人變作木形，而其下之𠃊則與「割」字同。基於是理，「害」、「倉」二字在古文中，具有形構雷同之例。且夫「割」字訓剝也，「害」字訓傷也，「創」字訓傷也，其義亦近同，此為石經古文「割」字作剑形者之理。蓋許君著說文解字時，仝字見於「倉」下，釗字則既見於「創」字下，又見於「劊」字下，三者同時並存。許君為取舍之便，則於「創」、「劊」字下均不列「釗」形，而僅在「倉」字下存此古文奇字「仝」耳。今依古文四聲韻，汗簡此勘得知，「倉」字作仝形，「創」字作釗形，「劊」字作企刂形，後者所从之「企」形殆即仝形之譌變。而其中作王者，再流變作彡若ㄅ形矣。「倉」之古文所以作仝形者，金文「倉」字作㑹（弔倉父簋），㑹（㝬鐘），字从合户聲，（从張日昇說、見金文詁林、頁三四一九）；許書十二上户部有「戹」字作戹形，訓作隘也，从户乙聲，（頁二下）；金文有此字，作戹（彔伯簋），戹（毛公鼎），戹（齊鎛），（金文編、一二、三），象車戹形，（容氏說），同上），其後戹譌作从户从乙；同理，「倉」字从「户」亦有演變作王形之可能，蓋同化作用之故。疑秦一文字後，為達約定成俗之目的，常罔顧其本初形構，故將㑹字變成仝形矣。「割」字金文作□（𩰫伯盨）、□（𩰫伯盨），□（無叀鼎）（金文編、四、二四）形；「㝬」字从害作□（㝬鐘），□（㝬鼎），□（㝬簋）（金文編、一〇、一四）等形。蓋字作□若□者，則可省作□形，進而省變作全形。因其下所从之口，「倉」字亦有之，「倉」字既可省變作「一」形，則「害」字自亦能之，而其中之圓點則可延長作成「丿」若「一」之狀，此石經古文「割」字得形之由。「割」、「創」二字自其源流觀之，在秦一文字後有同時作「全」若「全」之趨勢，在漢代亦已同時出見於古文經籍中。由於古籍傳鈔，古文經版本日多，是故古文尚書家所據之版本「割」字作□形，許君所憑之版本「倉」字作全形。時日既久，後人知者蓋尠，遂不得而聞。今自汗簡、古文四聲韻窺撢其本流已如彼，又自金文、石經古文研究其變化則如此。至於是非然否，當乞教於方家。

36.刺

〔述〕

△□刺　此字譌舛，當以篆文為正。（王說、頁三三三八）

△春秋僖公經，刺之，刺作□。

從夾聲，小變夾形作□耳，刺可從夾聲，猶速本朿聲，小篆作迹，從夾聲，魚支之轉，隸作𠜱，亦由此變，漢人多如此作。（章說、頁四六）

△□刺僖廿八　按刺字偏旁作□，蓋朿字之寫譌。（孫說、頁五）

（考）說文解字四下刀部：「刺　君殺大夫曰刺，刺直傷也。从刀从朿，朿亦聲。」（頁七下）石經僖公：「不卒戍刺之」，古文作□，篆文作刺。金文有「寅」字作□（戊寅鼎），□（克鐘），□（胸簋），□□（鄂孝子鼎）（金文編、一四、三三下）等形。字从臼从矢，象雙手臼矢形，而古文刺字从□正似之，所以表「刺殺」之誼，為恐後人不明其誼，（蓋段為地支後，久段不歸，以致義歧為二每易淆亂），則又增義符「刀」字，而作「𠜱」形，「刀」為利兵，示其銳利誼，則字从刀从寅，屬六書會意。其後大作木形，仍有變作廾形而合成「朿」形，又者「一」可曲之作「）」形，則字演變成「朿」形，然「刀」為意符則始終未變也。此小篆得形之來由也。

37 鄭

（述）

△奠鄭 案古金文鄭字，皆不从邑。（王說、頁三二四三）

△鄭 省作奠。

俗奠為鄭。（章說、頁二十二）

△奠 僖元廿八年 奠 按金文叔向毁作奠，鄭虢仲毁作奠，紳毁作奠，鉨文作奠，並與此同。此假為鄭字古文。（孫說、頁五）

△奠、鄭古今字，鄭字重文。（商說、卷五、頁五下）

（考）說文解字五上丌部：「奠，置祭也。从酋，酋，酒也；下其丌也。禮有奠酒者。」（頁四）石經僖公：「衛侯鄭歸于衛」，古文作奠，篆文作鄭。甲骨文作奠（乙676反），奠（乙1078反），奠（甲3510），奠（拾10.2），奠（甲3913），奠（甲2418）（甲骨文編、五、一）；金文作奠（弔向簋），奠（矢簋），奠（大作大仲簋），奠（鄭虢仲簋），奠（穿鼎），奠（富奠劍），奠（隓子鬲）（金文編、五、七下—八）等形。羅氏振玉謂契文从酋从丌並省，象尊有薦，乃「奠」字。从「酋」之字，古金文多从酉，如障从酉，鄭作奠之類；从丌之字，古金文或省从一，如「其」字作其从一之類，（見增訂殷虛書契考釋、中、頁七三下）；李氏孝定云：契文作奠从酉，即酒尊，卜辭尊字亦从此，許謂：酋，酒也，說與此合。奠即酉所孳衍，从丌者，古文或从一，（甲骨文字集釋、頁一五八七）；高氏鴻縉曰：字本意事指置酉於丌上而言，酉為盛酒之尊，底形尖圓，必須置於有圓孔之小丌上，乃能平穩。置酉必於丌上，而酉必置於丌上，始謂之奠。一非文字，乃丌之形。又凡以酉享神者，必奠置，故奠又引借為祭，詩采蘋：「于以奠之？宗室牖下」，即用祭義也；又以酉必奠置，乃能穩定，故奠又借為定，書禹貢：「奠高山大川」是也，（中國字例二篇．頁三〇五）。以上三家之說均言之成理，尤以高說為佳。惟羅氏謂契文从酋从丌，則可商榷，疑其以後起字之標準以衡量「奠」字，實昧於時間前後有殊，文字先簡後繁有別也。契文「奠」字本从酉从一，蓋初民置酉（酉為尖底瓶，其形狀為斂口、圓腹、尖底、有頸，頸根兩側有耳。此類陶器，在新石器時代遺址如西安半坡出土匪鮮，參看中華歷史文物上冊、頁二二一三）於地，「一」者，地也（許書說解是類字形常言之，如「上」「才」、六下「乇」段注、七下「非」、六下「之」、七上「旦」、十二下「氐」等字。）尖底瓶本為黃河上游古人為汲水於河而設計者，其後亦作為祭祀之用，故即將其置於土上；又其後也，禮數更繁，儀節日究，始將「酉」置於丌上，此殆殷末周初之事，故「奠」字至金文始从丌作，示其敬慎尊崇誼，猶如置「冊」於「丌」上者然。此說如能成立，則非如羅說先有酋丌，再从酋从丌並省者也。

董氏作賓謂「奠」字在卜辭有兩義，其一為地名，如云：「自在之奠」（鐵168.3）、「奠示十又」（123），當即鄭地。其一則段借為甸。禹貢：「禹敷土，隨山刊木，奠高山大川」；詩小雅信南山：「信彼南山，維禹甸之」，傳：「一云『定也』，一云『治也』」（鄭箋），是奠、甸二字通用之一證。卜辭中亦多段為郊外之甸，如云：「我奠受年」（拾十、二），言殷王畿之郊甸受年；「在云奠河邑」（金七二八），言王在云，此云者，乃郊甸濱河之邑，（殷曆譜下編、卷九、頁三八下）是也。石經古文「奠」字在此亦段借為地名，字作奠形者，與富奠劍銘文所作同，亦前表六國之風烈也。

38、功

〔述〕

△𢀜功 與說文工之古文同。（王說、頁三三二四）

△即康，功田功，功作𢀜。

古文工字如此，偕工為功，周官肆師，凡師不功，注：故書功為工，鄭司農工讀為功，古者工與功同字。（章說、頁二八）

△𢀜 無逸工 此與說文古文同，石經假為功字古文。（孫說、頁五下）

△說文古文同，工功通，功字重文。（商說、卷五、頁六）

〔考〕說文解字五上工部：「工 巧飾也。象人有規矩也，與巫同意。𢀜 古文工从彡。」（頁四下）石經無逸：「即康功田功」，古文作𢀜，篆文作功。「工」字之初形本義，林氏義光謂象構作之形，（文源）；孫氏海波謂象玉連之形，引申則治玉之人為工，（考古三期，頁七二）；吳氏其昌謂象斧形，即伐木斧之遺形，（金文名象疏證兵器編、武大文哲季刊、五卷三期、頁四八九—九二）；楊氏謂象曲尺之形，（釋工、積微居小學述林、頁五八—九）；高氏鴻縉本徐氏灝矩為諸形之本，故造字象之說，謂工為為木之器也，（中國字例二篇、頁一六〇）。以上林、孫、吳諸說，李氏孝定、張日昇均有批駁，（見甲骨文字集釋、頁一五九三，金文詁林、頁二八八四），不復贅言。李氏又曰：「工」乃象矩形，規矩為工具，其義引申為工作，為事功，為能事。金文矩字作[illegible]（伯矩盉），[illegible]（伯矩簋），[illegible]（伯矩卣），象人持矩形，其所持正作工也。金文工作工（司工丁爵），工（史獸鼎），工（散氏盤），又許書巨下解云：規矩也，从工象手持之，象手持之者謂从コ也，是許君明謂工乃巨（矩）之象形字，（甲骨文字集釋、頁一五九四）。漢武梁祠畫象及中國西北出土之文物，伏羲女媧像均作持「工」形，其工為曲矩形，則「工」之起源甚蚤，亦可證李說之不誣也。

古文作𢒅者，郭某謂：「齊子仲姜鎛有大⿰工又从手，當即功字，亦即是攻，許書工之古文作𢒅，近出三體石經無逸篇即康功田功，功字古文亦作𢒅，此从彡者，當係又形之譌變。（舒氏連景．說文古文疏證．頁三五引）今依古文字演變例例之，「又」實無訛變作彡形者，其說也誣。古文所以增彡者，蓋受南方吳、越、楚諸國文字彣飾之風之影響，因而有如是作者。前敘諸國地處南方，受山川旖旎，風光明媚之薰陶，故其文字不僅線條柔美，且多增彣飾，成鳥蟲書之風韻，而「工」字之古文，係其孑遺耳。字在此作「功」誼用者，乃自「工作」一義引申而得者。「工」引申作「功勳」之功，作「攻擊」之攻，而致一字多義，每易混亂，喪失一字一義之準確性與固定性，為避免此失，遂孳乳為「功」、「攻」諸字。其始也，均以「工」字為之，此石經古文作「工」而篆文作「功」之理。自三體石經所存事實，亦可明此中奧祕也。

59. 寧

（述）

△ 𡨦（寧） 此字訛舛，當作寍，此譌从衣。（王說，頁三三三一）

△ 寍于上帝命，寍作𡨦，寍王同。

從心，從衣。說文：寍，從宀，心在皿上，人所安在衣食居處。彼從皿，食也；從宀，居也；此從衣亦同意。說文：衣，依也，有依則安矣。隸續誤摹作[glyph]，形如交又，清末解銅器款識者遂妄謂尚書寍王為文王之形誤，不知此文偶與銅器文作忞者相類。究之銅器文仍多作文，其作忞者乃借字，忞從心從文，說文自有忞字，引周書在受德忞，讀立政者何不誤以忞為寍邪？蘇望所傳石經拓本，文侯之命前文人字作[glyph]，無荒寍字作[glyph]，截然有辨；若讀無荒寍為無荒文，此君奭篇寍于上帝命為文于上帝命，義即難通。又此君奭篇，我迪惟寍王德延；次即言天弗庸釋于文王受命，割申勸寍王之德，其集大命于厥躬；次即言文王尚克修和我有夏。若前兩寍字為文之誤，後兩文字何以不誤？豈相隔十許字間，文字形體遽有變異邪？以此相稽，不然之效明矣。然則割申勸寍王之德，記緇衣引作文王，謂寍王即文王通稱可也，此猶湯稱成湯，又稱武湯，又稱武王，一為正謚，餘為通號。若必謂寍為文誤，武與成亦得相誤，詩之武湯武王，何不盡說為成之誤耶？（章說，頁三七一八）

△忞寧 君奭 王國維曰：此字訛舛，當作寍，此譌从衣。（孫說，頁五下）

△汗簡引石經同，心為皿譌變。（商說，卷五，頁九下）

（考）說文解字五上丂部：「寧願詞也。从丂寍聲。」（頁五下）石經君奭：「我迪惟寧王德」，古文作忞，篆文作寧。甲骨文作寧（甲2722），寧（前3.25.4），寧（金62）（甲骨文編、五、五）；金文作寧（寧女父丁鼎），寧（盂爵），寧（寧遺簋），寧（耳〔臣〕卣）（金文編、五、一二下）等形。羅氏振玉說解契文「寧」字云：从「寍」省心从丂，寧母父丁鼎亦省心，與此同。（增訂殷虛書契考釋、中、頁七二下）。李氏孝定非之曰：古文字每增心（心）為文飾，如父或作𢖩可證。又謂字之本義為安，與說文「寍」字同，「寍」从皿在屋下，意謂室家之安，至願詞之義乃其段借義，「寧」、「寍」古本同字。許書以从丂之「寧」為願詞專字，與「寍」歧而為二，乃後起之義，（甲骨文字集釋、頁一六二五－一六二六）。李說殆是。至於字从「心」之說，朱氏芳圃另有說焉，其言曰：寧，甲文作宁，象丂在宀中，義與丂同。卜辭云：癸酉卜，巫丂鳳（後下四二、四）；周禮春官小祝云：寧風旱，一作丂，一作寧，是其證矣。古人以「心」為形之主，心安則形靜，故金文增心為義符，（殷周文字釋叢、頁四七）。此說似較李說為貼切。蓋金文增「心」為義符，並非純為裝飾，與字義必相脗合者也。不然，何以「寧」字增心作，而增其他義符若艸木蟲魚之類邪？李氏駁羅說从寍者心說是也，然說解从心為裝飾之論則非，實一得一失耳。

石經古文作𡨦形，其下之皿作「𠙵」形者，乃自𠀤（廿七年皿」、「鉶」字偏旁）若𠀤（蘇公作王妃盂簋」、「盂」字偏旁）若𠀤（大質鼎」、「盞」字偏旁）譌變而得。蓋「皿」字下之「一」畫或為鏽蝕，或為斷簡，或為蟲噬，以致壞爛，後人不察遂譌作𠙵形矣。既已訛變之形，與「衣」字所作類似，遂有「从衣」之論，實則不然也。依「𠙵」乃「皿」字之壞爛推之，古文「寧」字作「寍」，在此通叚作「文」用。是故禮記緇衣引書經作「上帝割申勸寧王之德」，實當作「上帝割申勸文王之德」也。石經古文所作，正與禮記所引者同，是故六國時，「文」、「寧」二字字形每有混同之現象。以致秦火後，漢儒遂有譌「文」為「寍」之誤。二千稔後，始由清人吳氏大澂澄清漢人之混沌（詳字說、頁二九），寍王即文王之真象，方昭然若揭也。

40 會

〔述〕

△佮會 說文亼部：佮古文會如此。且子鼎：王命且子迨西方于相，會作迨，與說文辵部訓遝之字同。是古會、佮、迨三字為一字，汗簡古文四聲韻引石經與此同，敦煌本未改字尚書作佮，則佮之譌也。（王說、頁三三三九）

△會皆作佮。

與說文合。（章說、頁廿一）

△佮會 僖廿八 按說文古文作佮，金文且子鼎作迨，並與此同。（孫說、頁六）

△說文之古文及汗簡引石經同，甲骨金文會皆作迨，為會晤本字。（商說、卷五、頁一八下）

（考）說文解字五下亼部：「會，合也。从亼从曾省；曾，益也。給古文會如此。」（頁三下）石經文公：「公孫敖會晉矦于戚」，古文作給，篆文作會。案王、商二說甚是。石經古文與說文古文合，許書古文愚嘗考述之，茲不復贅述，（請參閱說文解字古文釋考述、「會」字條、頁五八七－九六）。

41.矦

〔述〕

△𥎦 矦 與說文古文同。（王說、頁三三三八）

△矦皆作𥎦。

與說文合。（章說、頁一一七）

△𥎦 侯 君奭多方傳廿八 按說文古文作𥎦，金文齊鎛作𥎦，蔡侯戈作𥎦，鉨文作𥎦，並與此同。（孫說、頁六）

△說文古文及汗簡引石經同。（商說、卷五、頁二〇）

矦

（考）說文解字五下矢部：「𥎦，春饗所䠶矦也。从人从厂，象張布，矢在其下。天子䠶熊、虎、豹，服猛也；諸矦䠶熊、豕、虎；大夫射麋；麋，惑也；士䠶鹿豕，為田除害也。其祝曰：毋若不寧矦，不朝于王所，故伉而射汝也。𥎦，古文矦。」（頁四下）石經文公：「公孫敖會晉矦于戚」，古文作𥎦，篆文作𥎦。甲骨文作𥎦（甲183），𥎦（乙6417），「𥎦」（寧滬1.430）（甲骨文編、五．二〇）；金文作𥎦（訊文），𥎦（子矦卣），𥎦（作且乙簋），𥎦（遹甗），𥎦（鄦矦簋），𥎦（鄀公鼎）（金文編、五．三一下一二下）；楚繒書作𥎦（The Ch'u Silk Manuscript—Translation and Commentary—P.278）；古泉作𥎦（空首幣）（說文古籀補、五、二九）；古鉩作𥎦（侯戟），𥎦（侯馯），𥎦（侯湯）（說文古籀補補、五、八），𥎦（璽），𥎦（璽），𥎦（璽）（古璽文字徵、五、三）等形。羅氏振玉說解甲文「𥎦」字，曰：古文作𥎦與此同，古金文亦均从厂，（增訂殷虛書契考釋、中、頁四四下）；葉氏玉森謂字从交，益古有功之臣，錫以俘虜，裂土以封之，小者曰侯。其字从「厂，象疆界，亦有土也。从交，象交脛人，乃俘虜，亦有人也。有土有人，侯國斯建，篆譌从矢，「說契，頁十）；李氏孝定已駁葉說之非，并謂：契文與許書古文同，「厂象射侯之形，矢集其下，當為會意字，蓋射侯之形甚多，不可悉象，且無矢亦無以見射侯之義，故从厂从矢，會意也。从人無義，蓋為譌變。侯之本義當為射侯，爵名乃借字也。又為語詞，胡、侯、何，一聲之轉，（甲骨文字集釋，頁一八一〇—一一）；方氏濬益謂厂之下為象鏑栝羽之矢形，（子侯卣、綴遺齋彝器款識考釋，卷十，頁四），二說是也。唯劉氏節从衛氏聚賢說主字之大為交字或大字，厂則象帳篷形，坐在中間之大或人即是主人，乃是侯字之本義，（見壽縣所出楚器考釋，古史考存，頁一六八）；又云：「侯既然是部族的酋長，所以像帳篷子下面正坐著的人形。」（中國古代宗族移殖史論，頁一五一六），甚失與葉說同，張日昇已駁之矣。（見金文詁林，頁三四六八），不復贅言。石經古文與許書古文同，亦甲金文同，其義為射矦也。古文字之「矦」字形義大致與許君所說解者同，唯字不「从人」。而篆文所作似「从人」者，蓋承襲六國文字之矦若矦若矦形演變而來，至秦篆作矦（廿六年詔廿斤權），將其上之「ㄱ」「ㄴ」曲柔之即成矦（廿六年詔楕量）；至漢篆作矦（南皮矦家鼎），矦（祝阿矦鐘），此正是許君所本也。許君不解字形演變始末，即依其形似說解之，因而有「从人」之論，實則不然也。石經古文「矦」字段借作「爵位」之稱，乃屬本無其字之段借。

42. 来

〔述〕

△倈來　說文無此字，玉篇有倈字，即从此字出。（王說、頁三三四二）

△來皆作逨。

說文未錄，然來本來牟字，行來之來自應別製逨字，說文則有糇，恐與此同。（章說、頁廿一）

△逨僖廿九來　桉金文單伯鐘作逨，匋文作逨，鉨文作逨，並與此同。（孫說、頁六）

（考）說文解字五下來部：「來 周所受瑞麥來麰，一來二縫，象芒朿之形。天所來也，故為行來之來。詩曰：詒我來麰。」（頁六下）石經僖公：「國歸父來聘」，古文作逨，篆文作來。甲骨文有「來」字作：來（甲2123），來（鐵24.2），來（甲790），來（粹1066），來（粹1593）；又有「麥」字作來（甲3918），麥（戩105），麥（京津3458），麥（庫610）（甲骨文編、五、二四—五）；金文有「來」字作：來（般甗），來（宰宙簋），來（不𡢁簋），來（康侯簋）；有「逨」字作徠（逨觶），徠（單伯鐘），徠（長白盉），來（散盤）（金文編、五、三六—七）；有「麥」字作：

麥（麥盉），麥（麥鼎），麥（仲戲父盤）（同上）等形。「來」本是來麰之本字，叚借作「方名」與「行來」之來後，為其所專，久叚不歸，之後為還其本義，特為行來之來義造一「麥」若「麥」字（即于「來」若「來」下增一「止」字以為義符，）作為行來之來之本字，於焉來麰之「來」，及行麥之「麥」，各有其本字本義。然則，由於叚借成習，約定俗成，卜辭仍有以「來」叚作行來之來，而以行來之本字「麥」借作來麰之麥，以致二者混淆為用，使其本義、借義各難以分判矣。（請參閱拙作「說來解麥」，刊於中華文化復興月刊五卷六期）。

迺金文「來」字多叚作行來之「來」用，如

・王來戰（狩）－宰甫簋

・白雝父來自鈇－彔簋

・唯王來征夷方－艅尊

・王來伐商邑－康侯簋

．余來歸獻禽—不𡢁簋

至於「逨」字从辵，乃後加義符，所以示來往之「來」義，猶如甲文「麥」字加「止」（夂）為義符者然，無論从辵或从止，均表動向誼。「逨」字在銘文中，或作人名，或作方名，或作來往之來，或作來𢦏之來，如：

．逨作寶彝—人名或姓氏—逨觶

．逨（來）匹（辟）先王—來往—單伯鐘

．以逨（來）即井白—方名—長白盉

．隹王伐逨（來）魚—方名—鄘伯馭簋

．交從嘼（嘼）來口王錫貝—來往—交鼎

．𠦪于𠭰逨（麥）—來𢦏—散盤

「逨」字在銘文中用作來往之「來」為其本義，而作人名或姓氏或方名或來𢦏諸義者則為借義。至於「麥」字在銘文中或叚為地名，或用作來𢦏，如：

井侯光氒吏麥—人名

鬲于麥留—地名

侯易（錫＝賜）麥金—人名—麥盉

井侯征鬲于麥—地名

麥錫赤金—人名—麥鼎

黍梁（粱）邀麥—來麰—仲叡父盤

綜合甲金文觀之：「來」字為聲母，而「麥」、「逨」二字均自其孳乳而來。其義或作人名或為姓氏或為方名，或作來往之來，或作來麰之來。唯銘文中「來」字多作「來往之來」。自卜辭而金文，脈絡清晰，源遠流長，可知「久叚不歸」之力深且大矣。

石經古文字从辵从來作者，蓋本諸金文「逨」字（从辵來聲）而來。唯將偏旁辵（彳止）古文化而作彡心形，實六國之風韻也。

43. 夏

〔述〕

△是夏　此字从日足聲，說文古文作𩞃。（王說、頁三三二四）

△夏皆作是。

從日，足聲。按說文：夏本訓中國人，此從日足聲者，乃四時之正字，而說文未錄。然春秋經紀時誠當作是，尚書夏般字亦作是，則古字通借。孫氏疑古文夏作𩞃，變體作是，非也。𩞃從今目足，自指中國人，莊子所謂有目有趾者也。是從日足聲，自指暑時。（章說、頁十七）

△是夏 多士 多方 君奭 僖廿八　按說文古文𩞃，鉨文作𩞃，與此近似。（孫說、頁六下）

△說文古文作𩞃，汗簡引同。玉篇作𡕿，古鉨作䠢，汗簡引義雲章同。（商說、卷五、頁二四下）

（考）說文解字五下夊部：「夏　中國之人也。从夊从頁从臼，臼：兩手夊兩足也。𡕴，古文夏。」（頁七下）石經僖公：「夏，狄侵齊」，古文作是，篆文作夏。金文作夏（秦公簋），楚繒書作夏、夏（The Chu Silk Manuscript— Translation and Commentary — P. 265. 282），鄂君啟節作夏，古璽作夏（墨）、夏（鼓）（古璽文字徵、五、三下）等形。

「夏」字之初形本義各家有說焉：朱氏駿聲謂：字本誼當訓大也，萬物寬假之時也，从頁臼夊，象人當暑燕居手足表露之形，（說文通訓定聲、豫部第九、頁百十六）；商氏承祚曰：金文秦公毀作夏，鉨文作夏，皆不从臼，故疑臼乃囧之寫譌，从目與从頁同，頁，首也。从足與从夊同，石經之古文作是，則又譌為日矣，抑春夏秋冬古文皆从日示義耶？（說文中之古文攷、頁五四）；戴君仁先生云：夏之為諸，本當為表大之詞，而字形則象舞，蓋為盛大之歌舞，疑與雩是一字，祈雨之祭，古所重，祭時所用歌舞，聲容盛大，故名之為夏，造為文字，象人舞形。中國之人，蓋其引中之義，且引申匪一，借用既久，別造專字，从雨于聲而為雩矣。夏季正雩，歌舞盛大，故以夏名之，因以為季節之稱。本義當訓為大舞，四時之一，中國之人，咸非其朔矣，（釋夏釋桀釋乙、中國文字冊十三、頁一）。先生之說，言之有據，持之有故，自較他家為勝。

至於石經古文「夏」字作⿱⊙足形者，金師祥恆言之綦詳，其言曰：石經書多士，與春秋桓十八年之「夏」，古文皆作⿱⊙足，當是踊之者。古璽亦有作⿱會足者，與說文之古文⿱會足合。其上半所从之會當是頁之譌變，與踊字仍為一系，（古器物中楚文之研究、頁四六）是也，今依師說，則字所从⊙形，實非商代所謂从訓實也之「日」明矣。石經古文「夏」字作⿱⊙足形者，其初本作⿱○足形，即許君訓人之足也之「足」，蓋字本象人舞形，故特強調其足，字所以从「足」作也。其後也，文字簡省，省「頁」而僅存「足」作⿱○足形。古文字中凡中空者往往可增點，則古文於其上之○中增點作⿱⊙足形；又其後也，由點延伸成線則作旻形。其中加點者即是石經古文「夏」字字形所自昉也。

44.韋

〔述〕

△𩏑韋　與說文古文同。（王說、頁三三二八）

△韋怨，韋作𩏑。

與說文合。（章說、頁三二）

△𩏑無逸韋　按說文古文作𩏑，汗簡作𩏑，並與此同。（孫說、頁六下）

△說文之古〔文〕（德修謹案：原文似挩一「文」字，今臆補之）同。（商說、卷五、頁二四下）

（考）說文解字五下韋部：「韋　相背也。从舛口聲。獸皮之韋，可以束，枉戾相韋背，故借以為皮韋。𩏑古文韋。」（頁八）石經無逸：「民否則厥心違怨」，古文作𩏑，篆文作□。甲骨文作□（甲350），□（甲2258），□（乙2485），□（前5.47.1），□（乙2118），□（鐵77.4）；金文作□（黃韋俞父盤），□（韋鼎）（金文編、五、二七下），□（匽卿鼎），□（匽卿簋）（同上、二、二四）等形。石經古文「韋」字與許書古文同，許書古文已作考述，（請參閱拙作說文解字古文釋形考述、「韋」字條、頁六○一一七），茲不復贅言。「韋」為「違」之初文，蓋「韋」叚作方名或姓氏，或又叚作「皮韋」之韋後，久叚不歸，為借誼所專，欲與借誼別，因增「辵」旁，以為別異耳。故經文今隸具作「違」字。

45. 徭

〔述〕

△徭 徭 此字見師虎敦，方言：徭，歪也。是漢時尚有此字，而說文惟有假字，實與此一字也。（王說、頁三三三五

二）

△格皆作佫，三體悉同。

說文作假，漢費鳳碑：有恥且佫，已作佫字，蓋古文論語如此。休寧戴氏說堯典：格於上下，引說文木長為訓，以與橫被相對，實不然也。然據莫高窟所得經典釋文，字亦作格，是偽孔已不知用佫字，而陸乃云古作䕻，汗簡因之，不知何所本也。（章說、頁二〇）

△佫 君奭 格 校師虎毀格作佫，與此同。（孫說、頁六下）

△金文用各，古文用佫，經典用格。（商說、卷六、頁四下）

（考）說文解字六上木部：「格 木長皃。从木各聲。」（頁四）石經君奭：「佫于上帝」，古文作佫；魏克明兩體殘石古文作佫，篆文作格。甲骨文有「各」字作各（甲256），各（乙12），各（菁4.1），各（甲404），各（燕691），各（粹1062），各（輔仁92）（甲骨文編、二、一〇）；金文作各（宰椃角），各（乙亥鼎），各（[illegible]尊），各（[illegible]壺），各（善鼎），各（無叀鼎），洛（沈子簋），洛（師虎簋），後（庚贏卣）（金文編、二、一三）等形。二上口部：「各　異辭也。从口夊。夊者有行而止之，不相聽也。」（頁五下）

「各」字之初形本義，諸家異說，紛紜迭起，莫衷一是，茲羅列如左，以資比較：

．日象物形，倒之為A，形變為夂，合象二物相齟齬形。─林氏義光．文源

．各从夂，象足形，自外至；从口，自名也。此為來格之本字。─羅氏振玉．增訂殷虛書契考釋．中，頁六四下

．……孳乳為徦，為格，方言：徦，至也；徦，說文所無，經典通用格，書堯典：格于上下，傳：格，至也。─孫氏海波．（舊）甲骨文編．二．十二下

从夊从凵，當釋各，示足有所至之形。─楊氏．卜辭求義．頁六上

又：各字甲文作⿱夂ㄩ作⿱夂凵，象足抵區域之形，此經傳格字訓來訓至者之初字也。－積微居金文說自序．頁二

〇一

又：甲文字或作⿱夂凵，知字非从口也。余謂ㄩ凵並象區域之形，而足抵之，故其義為來、為至。「出」字甲文作⿱止凵，象人在坎陷中足欲上出之形，各字形正相反，而其義則可以互證也。－積微居小學述林．釋各．頁六九－七〇

今審其形，各字从ㄩ，乃象足踵，與殷虛卜辭出字作⿱止ㄩ或作⿱止凵，所从之ㄩ凵同。其實从夊从ㄩ，取象人之脛踵自外而至，故周金文中凡王格于大室，王格于某廟，字多作各，即用其本字也，孳乳為佫，从彳，則意形已複。－周氏名煇．新定說文古籀考．卷下．頁七一八

．原作⿱夂凵，象脚行至門口之形，故有來至意。－高氏鴻縉．頌器考釋．頁三七

又：字原象夊（足向內）在門口，向內行之狀，由文夊生意，故訓足內行之形，以寄行到之意，動詞。—中國字例．二篇．頁二九七

．甲骨文格字作㫚，亦有足降臨而騰口說，意謂神憑尸以傳語也。—屈萬里先生．詩三百篇成語零釋．收在書傭論學集．頁一八二

．各字除來與至而外，尚有就位之意，則其下部所从，當是席位，古者一般席位，多非專席。此口形乃就坐位區畫而言者，因其代表席位，故除訓來，訓至，訓準則，訓校正而外，且含有各別之義。—勞氏榦．古文字試釋．「各」字條．中研院史語所集刊第四十期上冊．頁四七

．甲骨文出作㞢𡴀諸形，正足與各作𠧧㫚相比較，古人穴居，凵口正象其居所。足背穴，乃離家外出之象；足向內，乃自外臨至之象。金文中各字並訓至。—

張日昇・金文詁林・頁六九九

以上各家之說，於夂凵夂口字所从之夂（止）均主象足形，本無疑義。唯於凵口形，諸家論說不一，或本許說以為从訓所以言像之「口」，或謂象物形，或主象區域形，或言象足踵，或云類門口，均有待商榷。張日昇已有辯證，（見金文詁林，頁六九八）。獨張氏謂凵口象「古人穴居，正象其居所」，頗得我心。辛亥年愚嘗撰「說各」一稾，即采考古學家之說，以證初民穴居之事實，再配合古文字之資料，論證「各」字所作口若凵形正象先民所居之穴形。斯文也，已於壬子年刊在成功大學中文系刊第七期，丙辰年收入拙作「古文字說解集」中。今欣見張說，居然與拙見不謀而合，可知真理之存在，為人人所共見也。癸丑年撰「說文解字古文釋形考述」一書，于「正」字條，對初民穴居之事實，亦曾再加論證，本書「節」字條又再三致意焉。由是可知，「各」字从夂（象足形），口若凵象初民所居之穴形，夂表徵動向，

入向下示入內之誼，即「各」字所見；廿向上示外出之誼，
即「出」字所表，正可二字比類合觀。「正」（「征」之本
字）从廿作[illegible]若[illegible]形，从止行入穴內形，可資佐證。「各」
字，甲金文訓至，訓來為其本誼。卜辭中「各」字又段借作
「零」或「霞」義，（見陳氏殷墟卜辭綜述，頁五七三，甲
骨文字集釋，頁四〇二節采其說）；為與借義有別，遂增彳
為義符作⿰彳各形，以還其原，存其至、來之本誼。石經古文作
⿰彳各者乃承自甲金文⿰彳各字而來，今本尚書「⿰彳各」字又作「格
」，則假借「格」字為之也。蓋「⿰彳各」、「格」均从「各」
聲，凡形聲字同聲母者古必同音，故可彼此假借為用。

46. 才

〔述〕

△ 木 十 才　殷周古文作中，或作十，或作十；此稍變之者，
蓋慮其與甲字及七字之古文相混也。秦新郪、陽陵兩虎符

：在猶作才，此蓋晉魯間書。（王說、頁三三二七）

△在皆作才。

借才為在。（章說、頁十一）

又：哉作才，三體悉同。

借才為哉，按張平子碑：往才女諧，夏侯湛昆弟誥：才生魄，今尚書皆作哉，恐古文今文尚書本同作才。（章說、頁二九一三〇）

△木（才）無逸 君奭 僖廿八 石經假為在字古文。（孫說、頁六下）

△才、在一字，在字重文。（商說、卷六、頁一〇）

又：甲骨金文在皆作才，此同。（商說、卷十三、頁八）

（考）說文解字六上才部：「才，艸木之初也。从丨上貫一，將生枝葉；一，地也。」（頁九下）十三下土部：「在，存也。从土才聲。」（頁四下）石經君奭：「在大甲」，古文作才，篆文作在；無逸：「酗于酒德才」，古文作木，篆文作木。甲骨文作中（乙7191反），中（菁3.1），中（京津1569

〕，十（後1.109〕，十（甲2410〕，十（燕424〕（甲骨文編、六、六〕；金文作十（旂鼎〕，十（盂鼎〕，十（獻伯簋〕，十（史頌簋〕，中（才興父鼎〕，十（曾姬無卹壺〕（金文編、六、一〇〕等形。李氏孝定謂契文才字變體頗多，然以作中為正，象屮在地下初生地上之形；許云艸木之初，謂象艸木之初生也。字在卜辭均假為「在」，（甲骨文字集釋、頁二〇〇九〕，其說甚碻。由於段借既久，遂孳乳為「在」，高氏鴻縉云：十字為剛才之才之初文，言種子在地下剛才生根出地上剛才生芽也。指事。後借用為介詞，在此在彼之在，周初乃加土，（即地也，言種子之芽才出土，根才入土也〕，為意符作在，以還剛才之才之原。「在」，漢以後專用為介詞，但金文用「在」者甚少也，（頌器考釋、頁一七一八，又見中國字例三篇、頁四八一九〕。石經古文作ㄊ若木形，實由十緐衍而來，其中之一可斜出直線來，右出者即成ㄊ形，左右斜出者則作木形矣，字正象根莖初緐，幼芽方露形。篆文既作木又作杜形，前者將古文作木形之左右二斜畫往下遷即得，後者則增「土」為意符，合體成字，屬會意。此正可說明「才」字繁變之歷程，亦可作「才」孳乳為「在」之實證。

47. 扈

（述）

△𡴃扈 說文邑部：𡴃古文扈，从山弖，此从弖，均於六書無說。案石經所字古文从戶，此弖疑戶之譌。（王說，頁三三三五）

△臣扈，扈作𡴃。

說文從弓，此筆勢小異。按頌毀通字作𢔁，亦變弓為弖。（章說，頁四一）

△𡴃扈 君奭 說文扈古文作𡴃，與此近似。王國維曰：此从弖于六書無說。按石經所字古文从戶，此弖疑戶之譌。（

（孫說、頁六下一七）

△借𡵂為扈，說文古文作𡵂。（商說、卷六、頁二〇下）

（考）說文解字六下邑部：「扈　夏后同姓所封，戰於甘者，在鄠有扈谷甘亭。从邑戶聲。𡵂古文扈，从山弓。」（頁六）石經君奭：「時則有若伊陟臣扈」，古文作𡵂，篆文作扈。十四上斤部：「所　伐木聲也。从斤戶聲。詩曰：伐木所所。」（頁五下）金文作所（不𡢁戈），所（魚鼎匕），所（庚壺），所（口所鼎）（金文編：一四、九）；石經僖公：「公朝于王所」，古文作所（石刻篆文編、卷一四、頁五）等形。舉凡金文、石經古文「戶」字多作戶若戶形，未有作巳形者，此王說之所本，而孫氏从其說也。唯同是石經古文，一作巳形，一作戶形，二者之間實不致譌亂如此之甚，此王說之可疑者也。至於商氏謂借「𡵂」為「扈」，以段借說之。考石經僖公癸巳、己巳諸條，古文「巳」字正作巳形，與「扈」字古文所从者合，知其隸定𡵂為「𡵂」字至碻，亦足徵許君說解「扈」之古文「𡶀」作「从山弓」為非，許書誤「巳」為「弓」，似其未遑細案耳。由石經古文作𡶀，篆文作扈，得證許君以「𡶀」為「扈」之古文為然，惟說解古文「从山弓」當作「从山巳」耳。蓋六國古文从山从巳，會意；而至秦篆从邑户聲，則為形聲。是故「岜」、「扈」為古今字，商氏以叚借說之，則未敢必矣。

48、捷

〔述〕

△⿲木戈阝捷，此即說文邑部之䣜字，戈上从木，當是从才之譌，以䣜為捷，蓋由雙聲通假。（王說：頁三三四三）

△鄭伯捷，捷作⿲木戈阝。

此字從木從戈從邑，與䣜字形相類，然彼上從才，此上從木為異，其義未詳。（章說，頁五四）

△⿲木戈阝（䣜）僖廿二 此即說文䣜字，从木即才字之譌。石經假為捷字

古文。（孫說、頁七）

△古文叚戴為捷。（商說、卷一二、頁一二）

（考）說文解字六下邑部：「𨞪，故國在陳留。从邑𢦏聲。」（頁八下）十二上手部：「捷，獵也，軍獲得也。从手疌聲。春秋傳曰：齊人來獻戎捷。」（頁八下）石經僖公：「鄭伯捷卒」，古文作𨞪，篆文作捷，考戴字作代切，古音精紐一部，捷字疾葉切從紐八部；精、從同在齒頭音，故以雙聲通叚，王、孫、商三家之說可从。

49. 晉

【述】

△ 𣅜晉 此字譌舛，亦以篆文爲正。（王說、頁三三三八）

△ 晉皆作𣅜。

小篆從日，說文及此經皆同。古文從白者，說文未錄。晉姜鼎字三見，皆作𣅜，是乃從口，與從白同意。晉銅尺銘𣅜亦從白。（章說、頁二十二）

△ 𣅜 晉僖卄八 按金文晉邦盞作𣅜，泉文作𣅜𣅜，並与此同。（孫說、頁七）

△ 汗簡从⊙。（商說、卷七、頁三）

（考）說文解字七上日部：「𣅜，進也，日出萬物進。从日以臸。易曰：明出地上𣅜。」（頁一下）石經僖公：「晉人敗狄於箕」，古文作[illegible]

，篆文作𣈆。甲文作𣈆（拾13.1），𣈆（佚600）；金文作𣈆（格伯作晉姬簋），𣈆（晉公盦），𣈆（𩿨姜鐘），𣈆（晉公車𦍌）（金文編、七、一下）；鄂君啟節：「敗晉師於襄陵」作𣈆，晉陽幣作𣈆（說文古籀補、七、一），𣈆𣈆（說文古籀補補、七、一）等形。林氏義光以為：古作𣈆，象兩矢集於○形，與至同意，○正鵠也，亦與𦤳同字，訓進者同音假借。（文源）；楊氏樹達定晉為箭之古文，𣈆，象兩矢插入器中之形。（釋晉、積微居小學金石論叢、頁一三一四）。考甲金文有矢字，即象箭形，無庸另造一古箭字，楊說可商，當以林說較為貼切。前引諸古文其下本作口若曰若口若日形，其後可變作臼形，其理愚嘗申論之，（見拙作說文解字古文釋形考述、頁三七四），是故石經古文可从臼作也。其上二矢省作兓，若晉陽幣省作晉形，厲羌鐘省作晉形同理。至於字訓進，林氏謂同音假借則非，蓋射矢而至，引申而有進誼，未必有待假借而後可也。

50.𠩺

【述】

△𡗜𠩺　此字从日在人亦下，日昃之意。殷虛卜辭作昳昳諸形，从日从矢，矢亦聲。此从大，意亦略同。（王說、頁三三二五）

△日中昗，昗作𡗜。

按說文繫傳，矢部有昗，日部有𠩺，大徐本有𠩺無昗，反以昗為俗字，誤也。字本從矢，古文變從大者，猶昗字古文作𡗜，亦變矢為大也。今尚書陸孔本皆作昗，不作𠩺，蓋相承如此

‧（章說、頁二八）

△昃無逸 按鉨文作□、□，並与此同。（孫說、頁七）

△汗簡引王存乂切韻作□，甲骨文同。（商說、卷七、頁三下）

（考）說文解字七上日部：「昃 日在西方時側也。从日仄聲。易曰：日昃之離。」（頁一下）石經無逸：「自朝至于日中昃」，古文作□，篆文作□。甲骨文作□（乙18），□（菁4.1），□（天70）；金文作□（滕侯昃戟）（金文編、七、一下）；陶文作□（鐵49.1）（陶文編七、四九）；古鉨作□（待），□（舉），□（鐵）（古璽文字徵、七、一）等形。羅氏振玉謂：从日在人側，象日昃之形，（增訂殷虛書契考釋、中、頁六上）；葉氏玉森曰：昃之初文為□□，从𠂆大作側形，乃象人影。日昊則人影側也。（殷虛書契前編集釋、卷四、頁十三下）；董氏彥堂云：象人影倚斜下，从日正為日昃之義，是昊乃初文，昃反為後起字。卜辭昃字从日从大為會意字，大為大人立正面之象，大或大則象人影之側斜，日昃則人影側也。卜辭昃為紀時專字，約當今下午二三時頃也。（殷曆譜上編、卷一、頁六上，下編卷四、日至譜頁一下）。李氏孝定云：金文从矢，所以示欹側之意。（甲骨文字集釋、頁二一八九）諸家之說是也，尤以董說為詳贍。石經古文昃字从日在人亦（腋）下，猶古鉢日在人肩上同理，亦日已欹側，時側之際也。書經無逸「日中昃」即用其本義。

51. 朝

【述】

△淖朝　殷虛卜辭有𦩎字，（殷虛書契後編下第三葉）从日月在茻中，同意。今隸朝字，即从此出，但省二屮耳。小篆𦩎字，乃變為从倝舟聲；倝者，𠦝之譌，舟者月之譌也。殷周古文从月之字，篆文輒改从舟，如亙、恆、朝諸字，篆文皆从舟，古文皆从月，與今隸同也。此字乃从水从朝省，本潮汐字，說文作淖，亦失之。陳侯因資敦朝覲字，與此同。盂鼎朝夕字作𣶃，中殷父敦作𣶃，亦皆以潮汐字為朝夕字。（王說、頁三三二四－五）

△朝皆作淖。

僭潮為朝，說文、渟本從倝省，右旁當作𠦝，今作𠦝者，古文變化從二屮也，仲殷父殷，朝字一作𣶃，一作𣶃，皆从二屮，凡銅器款識廟

字皆從𠦝。（章說、頁五十三）

△𣶒 朝 多士 僖廿八 按說文：朝，早也。从𠦝，𠦝日始出，光倝倝也。金文从川作𣶒，矢彝𣶒，先獸鼎𣶒，盂鼎𣶒，茾伯𣪘从川，象朝日潮水之遂至也。古潮朝一字，三字石經作𣶒，陳侯因資𣪘作𣶒，太平御覽引說文：淖，朝也，是朝潮音義並同。蓋潮本象水潮之意，故从𠦝川。六國文字變川為水，川形有近于舟，故許君誤𣶒从舟，以為朝夕字，而以𣶒當潮失之。潮水上升，波濤洶湧，有朝至之誼，引申之訓朝見。（孫說、頁七）

△淖、朝古今字。（商說、卷七、頁五）

（考）說文解字七上倝部：「𦩍 且也。从倝舟聲。」（頁三）石經僖公：「公朝于王所」，古文作𣶒，篆文作𦩍。甲骨文作𠦝（後下三八）（

舊甲骨文編、一、八下），[illegible]（佚292）（續甲骨文編、一、十二），[illegible]（庫1025）（甲骨文編、一、一〇下）；金文作[illegible]（盂鼎），[illegible]（矢方彝），[illegible]（克盨），[illegible]（事族簋），[illegible]（矢尊），[illegible]（史話簋），[illegible]（仲殷父簋），[illegible]（斿伯簋）・[illegible]（朝河右庫戈），[illegible]（鄘伯馭簋），[illegible]（十年陳侯錞），[illegible]（陳侯因資錞）（金文編、七、三、十一、三）；陶文作[illegible]（周38.4 38.5），[illegible]（鐵22.1、善585、清8.5.4、萍88），[illegible]（周38.9 38.12 39.1），[illegible]（潘）（陶文編、十一、七四下）；楚繒書作[illegible]（The Chu Silk Manuscript – Translation and Commentary／Characters of The Chu Silk Manuscript P.293, P.171）等形。甲文朝字，孫氏海波、金祥恆先生，李氏孝定等均隸定為「萌」，愚嘗撰「解朝」一文（刊中華文化復興月刊第五卷第四期），曾詳加論述，似當釋作「朝」，較

為貼切，茲不復贅述。至於「朝」字甲文从月，金文从川或从水，而篆文从舟之理，愚亦兼論及之，王、孫二說是也。容氏庚云：淖、潮與朝為一字，太平御覽引說文：淖，朝也，三字石經朝古文作[illegible]一字，汗簡[illegible]釋潮。（金文編、十一、三）是也。蓋金文从水之「淖」即用作「朝」，如：

△陳侯午淖（朝）群邦者（諸）侯于朝—十年陳侯錞

△淖（朝）[illegible]（問）者（諸）侯—陳侯因資錞。

或作「潮」之本字，如：

△伐淖（潮）黑—廓伯馭簋

則知銘文从川或从水作，本無別也，而銘文从川作之「朝」字，又叚作「廟」字用，如：

△王各（佫）于大朝（廟）—趞簋

△用孜（孝）宗朝（廟）—旂伯簋

即是其例。金文又有「廟」字，即从𠦝川或从𠦝作，如：虢季子白盤作𡪰，師酉簋作廟，無叀鼎作𢉂，盠方彝作𡫸（金文編、九、一五下）等是。由此亦可證石經古文从水作「淖」即金文之𣶃，亦即今所作之「朝」字。石經此用作動詞，作「朝見」解。

52.遊

【述】

△𨓈遊：石鼓文作斿，此从止，即㫃之省。說文遊之古文作𨒙，乃誤以㫃為𡥈矣。（王說、頁三三二六）

△于遊，遊作𨓈。與說文合。（章說、頁二八）

△衜游無逸居必 按鉩文作衜、遵、衜，並与此同。（孫說、頁七）

△說文所無。（商說、卷二、頁二八）

（考）說文解字七上㫃部：「游，旌旗之流也。从㫃汓聲。遊，古文游。」（頁三下）石經無逸：「于遊于田」，古文作衜，篆文作遊。石經古文「遊」字之㞢為㫃作朩形之省變，請參閱拙作說文解字古文釋形考述「游」字條（頁六七五—八一），愚嘗論證之，茲不贅述。

53. 多

【述】

△𡖋多 與說文古文𡖋字畧同。（王說、頁三三三六）

△多歷年所，多作𡖋。

說文古文多作𡖔，此不同。蓋取古指事之文。（章說、頁四三）

△𡖔多君奭多方此与說文古文同。（孫說、頁七下）

△說文古文作𡖔，汗簡引作𡖔。（商說、卷七、頁一〇下）

（考）說文解字七上多部：「多，重也。从重夕，夕者相繹也，故為多。重夕為多，重日為疊。𡖔古文多。」（頁五）石經君奭：「多歷年所」，古文作𡖔，篆文作多。甲骨文作𠔼（甲565），𠔼（甲918），多（甲2395），多（陳51），𠀤（佚321）（甲骨文編、七、九）；金文作𠔼（召尊），𠔼（觴仲多壺），多（林氏壺），𠀤（伯多壺）（金文編、七、一三）；陶文作𠀤（甲61）；石鼓文作𠔼（先鋒本）等形。多字之初形本義，林氏義光曰：「重夕非多義，日象物形（見「品」

字條，衰之為夕，與夕形同意別，多象物之多，與品同意，（文源）；王氏國維以為多从二肉會意，（甲骨文字集釋、頁二二八七引）；李氏孝定云：金文均从重夕，無一从重夕者，金文夕字或从夕之字，如夜、外、夙等字皆D、D間作，獨多字二十餘見竟無一从D作者，則从重夕之說不無可疑。王氏从重肉之說，非無故也，（同前、頁二二八八）。此从肉說者。高氏鴻縉謂：古多字不从夕，乃从吅字傾仄，甲文吅字可取雚字偏旁，吅即喧字，吅而傾口，益覺其多矣，（中國字例四篇、頁二二）。此从𠙵說者。商氏承祚以為甲骨金文皆作重夕，與篆文同，石經古文與此同，（說文中之古文攷、頁六七）。此从許君說者。考古文字每以二文相合以示其眾多誼，與許君所蒐篆文以三文相合用示多誼者，其理同也。初民所見以肉為字者，甲文有「俎」字作：（明藏434），（前7.20.3），（戩46.4），（粹68）（甲骨文編、一四、二）；金文作（般父己甗），（大豐毀），（秦公毀），（駱子卣）（金文選讀、頁43、58、63、79）等形。甲金文均象在俎上置肉形，其字形均與「多」字同；而金文始或有从Ｄ作者，然其象肉形猶未變易也。由是可知王說甚碻。石經古文作，則自多省變而來，將夕析作2與ㄅ形而成者，或受楚文字風格之影響而生者。

54 克

【述】

△克　散氏盤克作，與此字略同。（王說、頁三三一七）

△㣇克　此與說文克之古文第二體𠅃相近，汗簡古文四聲韻引石經作𠅃，則又㣇之譌。（王說、頁三三三二）

△克皆作㣇。與說文筆勢小異。（章說、頁十一）

△㣇 克君奭多方　按此與說文古文之第二體𠅃相似，古文四聲韻汗簡引石經作𠅃，益譌。（孫說、頁七下）

△說文古文作𠅃𠅃，汗簡引第二文同，又引石經作𠅃，顏黃門說文作𠅃，隸續與此同。（商說、卷七、頁十一下）

（考）說文解字七上克部：「𠅃，肩也。象屋下刻木之形。𠅃古文克，𠅃亦古文克。」（頁七）石經君奭：「大弗克龔上下」，古文作㣇，篆文作𠅃。克字之初形本義象人戴冑形，已於拙作說文解字古文釋形考述「克」字條頁七〇五一二〇論證之，茲不復贅言。古鉩克字作□（克成之鉩）若□（克事），丁氏福保謂：克，古文作□；此更从□；許氏說肩也，徐鍇曰：肩任也，負何之名也，與人肩膊之義通，能勝之物，謂之克，故應从□，（說文古籀補補、七、四）。石經古文其上所作自□若□演變而來作□若□形，其下殆自古鉩作□形者演變而得，由□中斷即成□形，（見拙作說文解字古文釋形考述「君」字條，頁一三九一一五〇）又與□本是一字，而□可省作□形，則字可作□形。蓋為使字形筆畫平衡，故各取□與□之一部分，以為構字之要素。此古文「克」形構得來之緣由。

55. 年

【述】

△秊年　邾公鐘、齊侯壺年字，均與此同。（王說、頁三三二六）

△年皆作秊。說文秊從禾千聲，此從禾土，會意，萬物皆出入於土，舊穀既沒，新穀既升，則為一稘矣。齊侯鎛鐘，女考壽萬年，羕保其身，年正作秊。（章說、頁十一）

△秊 無逸居奭年 桉金文魯伯簠作秊，与此同。（孫說、頁七下）

△汗簡引石經作秂、結體微異。（商說、卷七、頁一四）

（考）說文解字七上禾部：「秊　穀熟也。从禾千聲。春秋傳曰：大有年。」（頁八下）石經文公：「元年春」，古文作秊，篆文作秊。甲骨文作□（佚54），□（佚679），□（粹121）；金文作□（盂鼎），□（庚嬴卣），□（頌鼎），□（簷鄦侯簋），□（鄀公鼎），□（東周左師壺），□（邾公釛鐘），□（邾公華鐘），□（邾公牼鐘），□（廿年距悍）（金文編、七、一九｜廿一）；古陶作□（周61.7），□（周61.8），□（考1962）（陶文編、七、五二）；古鉢作□（金年），□（中年），□（中年），□（十四年）（說文古籀補補、七、五）等形。契文「年」字，葉氏玉森以為狀禾下見根形，又疑从人戴禾，（見說契、頁一下）；董氏作賓謂金文卜辭皆从人不从千，金文有从壬者，知當為壬或人。年，从千乃壬之省變，（卜辭中所見之殷曆，安陽發掘報告第三期、頁五一九｜二〇）。葉說李氏孝定已辨之（見甲骨文字集釋、頁二三六七｜

八）：董氏謂字从千乃自壬之省變，李氏加以修正謂：从壬乃从千所衍變，从千則从人所衍變，古文字每增橫畫無義，（同上）甚是。此許君所以言从千聲之來由也。石經古文其下作土形者，實非从土，乃自「壬」字之譌變，金文年字有从壬作秊若秊形，合之即成秊若秊形，字形本从二文構造者，既合而成一，連成一氣；又可分而為二，各自獨立，此古文字演變之通則。是故「禾」「壬」合而成秊者，亦可分而為二作秊形，此石經古文所自昉。

56 秦

【述】

△𥠖秦 此字省廾，古金文皆不省，古鉨秦字多如是作。（王說、頁三三四。）

△秦皆作𥡆。

說文籀文秦作𥡆，此省収。（章說、頁二十二）

△𥡆（僖卅九 秦）此与說文篆文同。（孫說、頁七下）

△說文籀文作𥡆，汗簡引尚書一同此，一同說文。（商說、卷七、頁一五）

（考）說文解字七上禾部：「秦 伯益之後所封國，地宜禾。从禾舂省。一曰：秦禾名。𥡆籀文秦从秝。」（頁八下）石經僖公：「秦人」；古文作𥡆，篆文作秦。甲文作𥡆（甲571），𥡆（甲794），𥡆（戩三七、七）（甲骨文編、七、一四下）；金文作𥡆（史秦鬲），𥡆（邾子簠），𥡆（秦公簋），秦（洹秦簋）（金文編、七、二一下）；陶文作𥡆（周25.3），秝（周28.6），秝（考1962）（陶文編、七、五二）；楚簡作秝（古器物中楚文之研究、頁四五下）；古鉢作森（鋤）、秝（伏）、𥞫（訒）（古璽文字徵、七、三下）等形。其初形本義，徐氏中舒云：象抱杵舂禾形，（耒耜考，中研院史語所集刊二本一分、頁四六）；郭某曰：秦以束禾為其本義，（殷契粹編考釋、頁二一〇下）；李氏孝定謂字在卜辭亦多地名，徐氏解為舂禾，郭氏解為束禾，於卜辭釋例，並無足徵。許氏說此亦無定論，蓋此字自古相沿為地名，其本義遂不可知矣，（甲骨文字集釋、頁二三七一－二）。古人以地名氏，以地名國，蓋或取其地之特徵，猶若以圖騰命氏族亦取其特徵者然，用以區氏族，別地望耳。嬴姓所以名秦，蓋地在汧、渭之地，得汧、渭二水之惠，而沖積成平原，又有水利灌溉，且得崤函之固，導致該地氣候溫和，土壤肥沃，宜禾之種植，則「禾」為秦地之特徵，是故「秦」

字从禾，許君之說實有所本也。甲、金文字从二禾者，言其多也，至六國始省作一禾，乃字形之省變耳。字从「午」作者，言其禾實之良，可舂而食。石經古文與甲金文同，亦與籀文同，均从二禾从午作也。因其用為地名，故古陶及古鉨字又从邑作，亦其用作方名耳。

57. 宰

【述】

△𦞦 宰 此字从肉，殆以宰肉為義。說文：膟為肉之或字，集韻有膟字，以為䏶肺之異文。（王說、頁三三四三）

△宰周公，宰作𦞦。

從丵者，叢之省，此經僕亦作僕也。說文僕從叢聲，訓給事者，宰訓在屋下執事者，故宰亦從叢。從肉者，宰本膳宰，古文自宜從肉。魯連子云：伊尹負鼎佩刀以干湯，得意，故尊宰舍。然則冢宰設官，始於伊尹，其任則無所不統，而本職猶是庖官。周禮因之，故天官所屬多宮掖宂官，是其遺迹未泯者也。又由冢宰變之，則大夫士之家臣，亦稱以宰，乃至一里之長亦曰里宰，人遂忘其根柢矣。此種非親見春秋古經，何自得之。（章說、頁五二一三）

△□（信宰卅）按鈢文宰亦从肉作□，知六國文固如是，說文以脺為囟字古文。（孫說、頁八）

△膳宰治肉，故古文又从肉作脺。說文謂為囟字或作，非其朔。（商說、卷七、頁二二）

（考）說文解字七下宀部：「□辠人在屋下執事者。从宀从辛；辛，辠也。」（頁三）石經僖公：「天王使宰周公來聘」，古文作□，篆文作。甲骨文作（乙8688），（佚426），（掇1.131）；金文作（宰甾簋），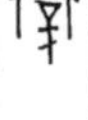（宰𩰫鼎），（頌鼎），（邾大宰簋），（孫弔師父壺），（齊鎛），（歸父盤）（金文編、七、二九下）；古鉨作（腟）（古璽文字徵、七、四下）等形。其初形本義，吳氏其昌曰：「宰之義乃為屋下有辛類兵器。惟「辛」為兵刃之器，故「宰」之義為「宰殺」，為「宰割」。漢書宣帝本紀本始四年「損膳省宰」，師古曰：「宰，為屠殺也」；又陳平傳（卷四十）「平為宰，分肉甚均」，師古曰：「宰主切割肉也」。蓋「宰」本示於屋下操「辛」以屠殺切割牛羊牲牷者，故引申之，又為「宰夫」，職主烹飪也。（金文名象疏證兵器篇，武大文哲季刊、卷五、頁五三六）。其說甚碻。殷周有宰，大（太）宰之官，

又自其主亯息而來，章氏說其制度可从。許書云云，乃引伸義耳。「䇂」字既與亯息有關，所司又多屠殺牲畜，是故古鉨从肉作[glyph]形，使其名實相符；石經古文作[glyph]者，其辛作[glyph]，乃承六國之風如齊鎛、歸父盤而來，辛字本作[glyph]若[glyph]可於其上增一橫畫作[glyph]形，上一橫可豎之而成辛，繇之即可成[glyph]形；又字从肉作者，乃承古鉨而得，即王氏所謂「以䇂肉為義」之專用字是也。

58、罔

【述】

△囟　罔　此與說文古文同。（王說、頁三三二）

△罔皆作囟。

與說文古文网同，上本從冂，此從中起筆，故似有異，石經筆法多如此。（章說、頁一八）

△𦊱 罔 多士 君奭 多方 此与說文古文同。（孫說、頁八）

△說文网或作罔，古文與此同，敦煌本及日本唐寫本尚書皆作𦊱。（商說、卷七、頁二六）

（考）說文解字七下网部：「网 庖犧所結繩以漁。从冂，下象网交文。罔，网或从亡。䍏，网或从糸。𦊱，古文网。𦉪，籀文网。」（頁七下）石經多士：「罔顧于天顯民祇」，古文作𦊱，篆文作罔。甲骨文作网（明藏198），网（後2.8.12），网（京都2111），网（乙5329），网（庫653）（甲骨文編、七、二五下）；金文作网（戈网甗），网（𩟰卣），网（仲网父簋）（金文編、七、三八）；陶文作网（善403），网（城），网（善99，「羅」字偏旁），网（善375，「罟」字偏旁）（陶文編、七、五七下）；古鉩作网（「羅」字偏旁），网

〈「罔」字偏旁〉，网（同上）（說文古籀補補、七、十一）；漢印作罔（舉）（漢印文字徵、七、廿一）等形。契文网，羅氏振玉謂象張网形，（增訂殷虛書契考釋、中、頁四九上）；柯氏昌濟謂金文网即古文网字，亦即網之古文，象網形，（仲网父敦、韡華閣集古餘跋、尾、頁二〇〇）。二說是也。李氏孝定謂：許書古文作罔，與三體石經古文同，殆六國古文（甲骨文字集釋、頁二五五〇），其說可从。許書、石經二古文均从网若冈省亡聲，謝師一民以為：「許書或體增从亡，益聲符以合自然之語音也。」（說文解字箋正、頁二〇七）說最精確，漢印从「亡」作，可以徵信也。

59. 甸

〔述〕

△⿰𠂊田（甸）說文有佃甸二字，此古文作佃，篆文作甸。按春秋左氏傳衷甸，說文引作中佃，則古多用佃字也。（王說、頁三三三七）

△甸作⿰𠂊田說文引春秋傳中佃，今傳作衷甸，是其例。（章說、頁四四）

△⿰𠂊田（佃君奭）此与說文篆文同。（孫說、頁八）

△金文作⿰田丮。（商說、卷八、頁四四下）

（考）說文解字八上人部：「⿰𠂊田中也。从人田聲。春秋傳曰：乘中佃一轅車。」（頁四）石經君奭：「屏矦甸」，古文作⿰𠂊田。金文作⿰田丮（克鐘），⿰田丮（格伯簋），⿰田丮（揚簋），⿰田丮（柳鼎）（金文編、八、六）容氏庚云：佃與甸為一字，魏三字石經矦甸古文作佃，（同上）。強氏運開亦云：古佃甸為一字。左哀十七年傳：渾良夫乘衷甸兩牡，杜曰：衷甸一轅卿車，許所據亡中佃。又按魏三字石經侯甸古文亡佃，皆佃、甸古通之證，（說文古籀三補、八、四下）。容、強二說，均與王說同，可徵其信。古文字中从勹之字亦从人作也，如匍作匍（盂鼎），匊作匊（番匊生壺），匋作匋（令簋），旬作旬（師鼎）等均是其例。疑古文時勹人本是一字，秦一文字時始予區別，至許君方定為二部，金文均从人作，而六國古文猶然，自石經古文可徵也。

60. 泉

（述）

△泉 泉 說文从部：泉，眾詞與也。从从自聲。虞書泉臯陶，臬古文泉。案此字疑眾字之誤。

殷周古文多用眔字，殷虛卜辭云：貞兄庚□眔兄己其牛（書契後編上第八葉），揚敦云：眔𤔲宜、眔𤔲馬、眔𤔲寇、眔𤔲工。靜敦云：王命靜𤔲，射學宮，小子眔服，眔小臣、眔夷僕學射。其誼均與尚書臮字同。而殷周古文無臮字，尚書無眔字，恐臮即眔之譌也。其字卜辭作𥃲眔諸形，金文多作眔，而周公敦作眔，其後或譌作臮，如說文所引臮臯陶，或如此字作臮，馬鄭本尚書如是。鄭君詩譜引書無逸爰洎小人是也，字既从自，於是以為暨之古文。不知眔與暨雖均有及義，尚書自云眔，春秋自云暨，不能相混也。說文臮之古文𥄳，其上从目不从自，較臮、泉二字為古。（王說、頁三三一八～一九）

△臮（臮品字式臯繇謨） 王國維曰：說文㐺部：臮，衆詞與也。从㐺自聲。虞書臮臯陶，𥄳古文臮。

按此字疑眔字之誤。殷周古文多用眔字，殷虛卜辭云：貞兄庚□眔兄己其牛。（殷虛後編上第八葉）揚𣪘云：眔嗣宣、眔嗣馬、眔嗣寇、眔嗣工。靜𣪘云：王命（德修謹案：疑挽一「靜」字）嗣，射學宮，小子眔服，眔小臣，眔尸僕，學射。其誼均與尚書臮字同。而殷周古文無臮字，尚書無眔字，恐臮即眔之譌也。其字卜辭作[glyph]眔諸形，金文多作眔，而周公𣪘作眔，其後或譌作臮，如說文所引臮皋陶是，或如此字作臮，馬鄭本尚書如是。鄭君詩譜引書無逸，爰洎小人是也。字既从自，於是以為曁之古文，不知眔與曁均有及義，尚書自云眔，春秋自云曁，不能相混也。說文臮之古文眔，其上从目不从自，較臮臮二字為古。（孫說、頁八）

◎今本作曁臮，亦即說文乑部臮字引虞書曰臮咎

臮

繇古文作⿱罒糸，王國維謂臮即甲骨文金文之眔之寫譌。（商說、卷十一、頁一四）

（考）說文解字八上似部：「臮，衆詞與也。从似自聲。虞書曰：臮咎繇。⿱罒糸，古文臮。」（頁六下）十一上水部：「洎，灌釜也。从水自聲。」（頁八）品式石經咎繇謨：「臮益奏庶鮮食」，古文作⿱自川，篆文作臮。臮之初形本義及譌作⿱罒糸之由，請參閱拙作說文解字古文釋形考述「臮」字條、頁七六〇－六。六國時古文字「目」、「自」形近而易混淆，是故「臮」字譌「目」為「自」。石經古文將水作巛形，蓋因直豎中斷而譌者也。至於經傳所作，王氏言之綦詳，不復贅言。

61 襄

〔述〕

△𢿢 襄 與說文古文同，下从女，上不知所从。

（王說、頁三三四一）

△曹伯襄復歸于曹，襄作𢿢。

與大徐本說文合，小徐本說文，襄古文作𡫹。

按說文：解衣耕謂之襄。從衣，𤼥聲。𤼥，亂也，古文作𡫹，從衣，其𤼥形蓋即古文𤼥字，從𤔔省，從𠃑。𠃑者又手，與從𠬪同意。如此則於六書可說。然石經早同大徐本，蓋古文譌亂，自壁經已然矣。又此經篆文襄字作𡫹，按說文襄從𤼥，𤼥，亂也，從爻工交吅，此𤼥乃從㕛，不從爻。爻本鑽穫之義，與訓亂相應，然得從工口又寸，云與𤼥同意。此從二又，亦正合。（章說、頁五十）

△𢿢 僖廿九 襄 按說文古文作𢿢，與此同。（孫說、頁八下）

△汗簡與此同，說文古文作□，結體略異。（高說、卷八、頁十三）

（考）說文解字八上衣部：「□ 漢令解衣耕謂之襄。从衣𤕦聲。□古文襄。」（頁九）石經僖公：「曹伯襄復歸于曹」，古文作□，篆文作□。「襄」字金文作□（穌甫人匜），□（穌甫人盤）（金文編、八、十三下），□（散氏盤）（說文古籀補、八、四八下），□（𧸀中鐘），□（𧸀中鐘）（說文古籀三補、八、七下）；古泉作□（襄垣幣）（說文古籀補、八、四）；古鉥作□（口襄），□（王襄），□（襄陰）（說文古籀補補、八、五下）；古陶作□（周72.7）（陶文編、八、六二）；節文作□若□（鄂君啓節摹本車節、舟節）等形。「襄」字从𤕦得聲，欲究其形構，擇其本義，必先明瞭𤕦」字也。「𤕦」字金文作□（薛侯盤），□（薛侯匜），□（散盤）（金文編、二、一四下）；古鉢作□（黃𤕦），古匋作□（說文古籀補、二、五）等形。許書二上吅部：「𤕦亂也。从爻工交吅。一曰窒𤕦，讀若禳。□籀文𤕦。」（頁六下）阮氏元釋金文□字為「□」謂即「□」字，（散氏盤、積古齋鐘鼎彝器款識、卷八、頁八）；孫氏詒讓非之，釋為「□」字，（散氏盤、古籀餘論、卷三、頁五二）；高田忠周氏釋「□」為「□」字（古籀篇、五十四、頁三五）。劉氏心源、丁氏福保、林氏義光、郭某、高氏鴻縉均釋為「𤕦」字，當以此說為長。劉氏曰：

「□古貨幣文襄垣字作□，又作□；穌甫人匜襄字作□（作嬗妃襄媵匜），从衣，□象人側身伸兩手解衣之形，从土从屮，屮即丮之變，致力於土耕意也。𠬞即丮形，攴又即屮，幣文蓋省衣省土，乃𤔔字也。𠬞為丮譌，工為土譌；爻為攴譌，己為丮省而移於左。小篆既已肌改，傳寫又復失真，非悉心考究，何能訂正。」（奇觚室吉金文述、卷八、頁二七、矢人盤）

丁氏亦云：

「𤔔原書以為古克字。案當是𤔔，許氏說亂也，从爻工交吅，一曰窒𤔔，讀若穰。案窒𤔔即今所謂擾攘，許說从爻吅是矣。曰从爻工，則徵之以下諸字，更證以古襄字無一从爻从工者可知。爻為丮或攴之誤，工蓋土之譌耳。散氏盤𤔔之有𤔲，意即以有司治之，說文亂固訓治也。」（說文古籀補補、二、五郭某亦謂：「⿱吅殳原作□，即說文□（籀文）所从出，（薛侯盤、兩周金文辭大系、頁一八九）；林氏義光以為字之本義為「除」，其言曰：

「按爾雅：襄，除也，此為⿱吅殳之本義。公羊傳：攘夷狄（僖四），以攘為之。古作□（穌甫人匜「襄」字偏旁）作□（薛侯盤），□即吅之變，象人戴＝口，叫囂之象，在土上，攴象手持物以驅除之，或攴作□（伐郗鐘）。煩擾者當⿱吅殳去之，故引伸為煩擾。」（文源）

高氏从劉、丁二說，云：

「今按釋襄釋⿱吅殳皆是也。原意為解衣耕，本銘□字正象之，譌變為⿱吅殳，說文載籀文⿱吅殳作□，譌變之跡顯然。原意為解衣耕，故匜文可加衣以足其意作□，篆書變為□，即襄

字，原意為解衣耕，故引伸而有奮勇致果之意。」（散盤集釋、頁五五）

按林說字之本義為「除」，實甚牽強，金文有不从二口作者，且夫叫囂何需在土上，爾雅所錄，襄，除也，乃「襄」之引伸義而非其本義。基於形義相合之理，則襄字之本義必與字形相合；許君引漢令之說，實即「襄」字之本義，古文字从土从屮（又）與耕誼相合；从衣作□若□形者，象舉手解衣形，與解衣相密合。則劉氏說解字形及其流變甚為貼切，最為可取。金文作□者，方氏濬益釋作夔（蘇甫人盤、綴遺齋彝器款識攷釋、卷七、頁六）；高田忠周氏釋作壞若□，（古籀篇、六十七，頁九），均不足取。高氏鴻縉以為：□，象人舉兩手解衣形，从攴，从土，由文生意，即治土誼，所謂耕也；加衣為意符，故仍為解衣耕、形變為襄、襄復引申為奮勇致果意，（中國字例二篇，頁二〇三），甚碻。

襄字，石經古文作[illegible]形，與強氏引叀中鐘所作者同，唯該鐘今無法親睹，真偽難知，未敢遽信。又與許書古文同，（商氏謂結體略異，未知其采何種版本而有此說）。古文襄字其下半从女，誠如王氏所云，殆無疑議。唯其上[illegible]形構，有待說解，章氏即許書既已設變之體推論，實未敢必。考襄字節文作[illegible]若[illegible]形，實下啟古文、篆文之契機；其上由[illegible][illegible]與土（古文土）構成，唯二者合一，省略其中之[illegible]若[illegible]即成[illegible]形，凡古文字中點可延展成線[illegible]即成古，又凡古文字結構中之方格、三角、圓圈等形內可增點，則襄字之「古」即成古形；此其一。金文襄字本从中（又）或[illegible]，至古鉢、古陶从二又作，「[illegible]」又可作

□形，既將土字兩旁之吅若∘∘去之，為求字之平衡，於焉有「補位」之現象，將二ㄅ上邊而成□形；此其二。古文字中从人ㄅ从人ㄋ从大作者，可以从女作，蓋古文字於偏旁中，同類義符，常可替代，蓋造字者非一人，用字者亦非一人，且由時空遷移，自可取象殊異，而示意本同之偏旁，而入ㄋ大與「女」即其一例也。是故「襄」字古文可以从女作；此其三。「襄」字既經如此簡省訛變，其所欲示其解衣耕之意，仍始終如一也。耕耘乃一苦事，必汗滴禾中土，古文因而增四點於女旁，示其揮汗如雨，是故女字作□形；此其四。由襄、□之本義確立，再依實物資料推測古文所从出，已如上述。而篆文「襄」將吅若∘∘形，變作吅形，實非从所以言食之口；其餘變化，劉、丁二氏言之甚詳，不復贅言可矣。

【述】

△允若時，允作𠃜，三體悉同。

按隸釋載熹平石經，厥愆曰朕之愆允，是伏生本誤兄為允也，而古文家或誤從之。梅傳云：「信如是，是梅已作允也；兄者，過甚之詞，言朕之愆過於如是也。（章說，頁二十三）

△𠃜允堯典君奭此与說文篆文同。（孫說、頁八下）

（考）說文解字八下儿部：「𠃜信也。从儿㠯聲。」（頁二下）品式石經堯典：「夙夜出納朕命惟允」，篆文作𠃜，安允兩體殘石古文作𠃜，篆文作𠃜。金文作𠃜（不𡢁簋）（金文編、八、二四下）石鼓鑾車：「避虞允異」，作𠃜（石刻篆文編、八、一六）等形。金文「允」字；孫氏詒讓釋為𠃜此銘厥允字兩見，皆「玁狁」之借字，與毛詩字異。但「允」字並作𠂒，疑是借夋為之。說文夊部：夋从夊允聲，是夋與允聲類同，故得相通借。此以夋為允，猶前伯據敦、師艅敦云㽙才（在）立（位），追敦、頌壺、頌敦云：㽙臣父子並以㽙為畯，可以互證。」（不嬰敦蓋古籀餘論、卷三、頁三八一九）金文所作但从女㠯聲，非以「夋」為「允」；蓋古文字从儿从女字可以共通。石經古文為从儿㠯聲。㠯字作乙者，與金文㠯字同（見金文編、十四、三五）；小篆作㠯者，蓋秦篆耳。

63. 乂（嬖）

〔述〕

△辥乂　此字周初古文作辥，後譌變如此，見余釋辥二篇。（王說、頁三三三六）

△乂作𠨎，用乂㕟辟同。

說文引書有能俾𡰫。（章說、頁四十一）

△𠨎𡰫無逸此与說文篆文同，甲文金文此字作𡰫。（孫說、頁九）

△同乂，說文：「𡰫，治也。从辟乂聲。虞書曰：有能俾𡰫。」（商說、卷九、頁六下）

（考）說文解字九上辟部：「𡰫，治也。从辟乂聲。虞書曰：有能俾𡰫。」（頁六）石經君奭：「巫咸乂王家」，古文作𠨎，篆文作乂。石經君奭：「用乂㕟辟」，古文作𠨎。甲骨文有「辟」字作𡰫（甲1564），𡰫（菁9.13），𡰫（甲1046），𡰫（甲3338）（甲骨文編、九、五）；金文作𡰫（盂鼎），𡰫（𩵦伯簋），𡰫（毛公鼎），𡰫（師害簋），𡰫（子禾子釜）（金文編、九、十一），𡰫（王孫鐘）（說文古籀補補、九、三下）等形。許書九上辟部云：「辟，法也。从卩从辛，節制其辠也。从口，用法者也。」（頁六）甲骨文又有「辥」字作𤔔（鐵113.4），𤔔（掇2.473），𤔔（佚455），𤔔（佚344），𤔔（粹487）（甲骨文編、十四、一四下）金文作辥（毛公鼎），辥（克鼎），辥（鄁婴盤）（金文編、一四、二八）形。許書十四下辛部：「辥，辠也。从辛𡿪聲。」（頁五）王氏國維以「𡰪」字為「辥」字之譌，本字為𤔔，本義為治，其言曰：

「彝器多見辥字：毛公鼎云：咢辥厥辟，又云：辥我邦我家；克鼎云：辥王家，又云：保辥周邦；宗婦敦云：保辥鄁國，晉邦盦云：保辥王國。其字或作辥或作辥。余謂此經典中乂艾之本字也。釋詁：乂，治也；艾，相也，養也；說文：𡰪，治也。从辟乂聲。虞書曰：有能俾⿱辟乂。是經典乂字，壁中古文作⿱辟乂，此⿱辟乂字蓋辥字之譌；初以形近譌為辟，後人因辟讀與辥讀不同，故又加乂以為聲。經典作乂作艾，亦辥之假借。……辥厥辟之辥用相義，保辥之辥兼相、養二義，皆由治義引申，其本義當訓為治。殷墟卜辭有⿰𠂤亏字，其字从𠂤从䇂（即說文辛字），與辟字从人从䇂同意（古文辟字皆从人从䇂，凡篆文从卩之字古文亦皆从人。）𠂤者，眾也。金文或加从止，蓋謂人有辛，𠂤以止之，故訓為治。」（釋辥上、觀堂集林卷六、頁九）

王氏通貫甲金文，嫻熟雅訓，說解⿰𠂤亏、辥、辟、⿱辟乂、乂、艾之間關係，鞭辟近裡，成一家之言。今采其說，以明石經古文作⿱辟乂、篆文作乂之關係。至於王氏作「釋辥」一文時僅及甲文作⿰𠂤亏形者一體，而云「金文或加止」，實則甲文已有从止作𨐨形之字，金文作辥（毛公鼎）、辥（齊侯鎛），鼎文與篆文全同，均从止作；其作辥（克鼎）若辥（部嫛盤）者，左旁㠯上亦从之。王氏以㠯止辛會意說辥是也。此其一。唯「辟」字與「辥」字無論其字形孳乳或譌變，自甲金文觀之，自是二系，王氏合為一譚，似可商榷。經文銘文所以通叚（互用者，并非辟、辥二字一系之關係；疑此二字均从「辛聲」，其古音本同，是故用於經典，銘文之文有通假之現象。至於以後互混，所以「辟」字增「乂」以為聲符，所以與「辥」字別異也。此其二。古文作𢾊形者，其辟字乃承金文作𨐨若𨐨者而來，字之「口」作「ㄖ」形及「乎」之作「𠬪」形，均為六國特有之格調，其為六國文字無疑。

64. 畏

〔述〕

△ □畏 說文甶部：□古文畏，殷虛卜辭作□，从鬼持攴；盂鼎作□作□，毛公鼎作□，皆从鬼从卜。此作□，雖已失其形，較之說文篆、古二形，猶為近之。（王說、頁三三三七）

△ 威作□，下段石嗣天滅威同。

威本訓姑，威儀字作畏為正。傳曰：有威而可畏謂之威，然自鼄公牼鐘已以威忌為畏忌矣。（章說、頁三八）

△ □畏 按金文毛公鼎作□，與此略同。（孫說、頁九）

△ 今本作威，威、畏古今字，說文作□，汗簡引作□，云亦威字。（商說、卷九、頁六下）

（考）說文解字九上甶部：「□惡也。从甶虎省。鬼頭而虎爪，可畏也。𢒒古文省。」（頁七下）石經君奭：「弗永遠念天畏」，古文作𢒒。甲骨文作□（乙669），□（餘1.2），□（鐵146.2）（甲骨文編、九、六下—七）；金文作□□（盂鼎），□（毛公鼎），□（王孫鐘），□（沇兒鐘）（金文編、九、十三），□（陳昉敦）（說文古籀三補、九、四）；古鉩作□（說文古籀補補、九、五），□（鑿），□（凝）（古璽文字徵、九、二下）；古匋作□（說文古籀三補、九、四）；詛楚文作□（石刻篆文編、九、六下）等形。此字形構言者多家，如：羅氏振玉釋甲金文謂：古金文从□及手形，或省手形从卜（當是攴省）；此則从鬼手持卜。鬼而持攴，可畏孰甚。古金文或作□，既从卜又加攴，初形已失，（增訂殷虛書契考釋、中、頁六二上）；王氏國維主「畏」、「威」一字，又从攴从卜从戈於偏旁得通，并證明「鬼」即「畏」字，鬼、威、畏三字相關，（鬼方昆夷玁狁考、見觀堂集林、卷十三、頁三一四）是也。至於孫氏詒讓以為字當从甶虎省，蓋畏訓惡，與虐訓殘義相近也，（見名原下、頁九）；林氏義光謂Ｙ即人字反文，象人見鬼形；男象鬼手有爪，（見文源）；高田忠周氏謂男即鬼字，Ｙ亦匕字，其本義為人死，（見古籀篇、三十五、頁二五）；L. C. Hopkins（霍布金斯）以為字代表人形，其頭經歷數種各樣之修正及簡略，其手握一物，似棍，或某類之矛，（中國古文字裡所見的人形，見中山大學語言歷史研究所周刊、册六、頁四九）；周氏謂「畏」字甲金文之鬼頭下，有人形，有手形，有器具形；而且最完全的形式中，器具有兩件。蓋似以手持杖擊人之狀，（古史參證、頁七下）。以上諸說，多是擬測之詞，或憑想像而得者，實未敢必。字但象人形，而其首曾加以裝飾誇大，示其與衆不同，蓋初民祭祀時，以人扮演其所敬畏之圖騰為祭祀之對象，即儀禮、禮記所常言「尸」之前身也。因其形可敬畏引申而有畏懼、厭惡之誼。字从攴作者，蓋扮演者為增己之威信常有所持物也，猶土著酋長或巫師之所持者同，有如今之權杖也。

石經古文作(十)句形，乃自甲金文从鬼从卜（攴之省，非訓灼剝龜之卜也）之「畏」字演變而來。古文字中从入（人）可變作入（勹）形；「卜」可曲折成匕形，如古文所作者；為字形結構嚴謹，乃與匕可結合之，是故其下半部可作成句形。至於其上作(十)形者，乃由田（鬼頭）省變而來。王氏謂石經古文云云，信而有徵，足以采信。至若許書古文作𢀡者，其鬼頭作由形，與陳財設及詛楚文所作類似；其下作ㄙ形，即詛楚文山，古鉨作𠬝者譌變而來，其形似爪，因此許君有虎爪可畏之說，實即由又（又，手也）變化而得者，即若从臼之字作臼若ㄙ形然，仍是人手，而非虎爪，可以窺知也。

65. 厥

〔述〕

△厤 厥 此字譌舛，未殆古文弇之譌，弇則欠之譌也。（王說、頁三三二一）

△厥皆作厤。

從厥省，旡乃古文欠字，與古文邑字作旡者形相似，然非一字也。從欠，厥省聲，欮之異文

厥

也，說文末錄。（章說：頁一九）

△[字形] 厥 多士無逸君奭多方 按此字譌舛，从[字形]乃厂之譌，朱乃弟之譌也。（孫說、頁九）

△汗簡引義章同。（商說、卷九、頁一五下）

（考）說文解字九下厂部：「厥發石也，从厂欮聲。」（頁三下）石經多士：「誕淫厥逸」，古文作[字形]，篆文作厥。甲金文有「氒」字，作[字形]（甲2908），[字形]（乙94），[字形]（菁3.1），[字形]（乙8514），[字形]（存1285）（甲骨文編、十二、一四）；[字形]（盂鼎），[字形]（彔作乙公簋二），[字形]（克鼎），[字形]（邾公釛鐘），[字形]（攻吳王監），[字形]（姑口句鑃），[字形]（蔡侯鐘）（金文編、十二、二四）等形。氒字，吳氏大澂承宋人之誤釋為「乃」，（邾公釛鐘，見愙齋集古錄、冊一、頁二一及說文古籀補、五、廿四下）；其後劉心源、張之綱二氏以銘文辭例證之，主「乃」「氒」為二字，判然有別。（張說見毛公鼎斠釋、頁一；劉說見奇觚室吉金文述、卷一、頁一二三—四，勠父鼎），尤以劉說最為精確。至於其初形本義，則略而不言。至高田忠周氏謂「氒」為木本，與「久」字通，（見古籀篇、三十六、頁九及八十七、頁四四—），其非林明潔已駁之（見金文詁林、頁六九三五）。之後，容氏庚以「氒」為檿之古文，強氏運開从之，（容說見金文編、十二、二三下；強說見說文古籀三補、十二、頁八）；林氏義光从許說謂字象木始生根形，•象種粒（見文源）；高氏鴻縉則謂字僅象木本形，屬象形，（見中國字例二篇、頁四。及散盤集釋、頁六三）。以上諸說，即許君之說一脈延伸而來，加以演繹說解，然所釋本義均與字形難相吻合。唯郭某以氒為矢栝字之初文，桰从昏聲，昏又从氒省聲，如此轉輾推求，而得知桰、氒本是同音，氒即矢桰隱弦處之桰，再以出土古器實物為佐證云云，（釋氒氏、見金文叢考、頁二三六—八）。愚以為其說然否，有待考徵，未敢遽信。今所以采錄，視為一家之說而已。甲文「乁」為借誼所專，而金文「氒」字借作第三人稱代詞，多用於領位；又用作語助詞（李林潔明說，見金文詁林、頁六九三五—六）後，本誼湮失，實難擇究。又其後也，「氒」字又為「厥」字所取代，是故石經古文用「厥」而不用「氒」也。後人不察，所以與「乃」混同而莫知辨也。

石經古文所从，誠如王氏所言者為「屰」之訛，而㐱則為「欠」文之譌；章氏亦主㐱即古文「欠」字，是也。金文「欠」字作㐱（「欽」字偏旁、魚鼎匕），兂（「吹」字偏旁、虞司寇壺），旡（「敓」字偏旁、果簋），旡（「歙」字偏旁、沇兒鐘）（金文編、八、二六下｜七下）形，其中作旡若旡者，自具有譌變成旡形之因子在，而六國古文喜加點於其上，如汗簡所引石經「都」「邢」二字所从之邑旁均作旡形，可知旡既為六國古文，自可增點作旡形，此其一。甲金文有「屰」字（即「逆」之初文）作屰（甲2707），屰（前6.40.5），屰（乙1550）（甲骨文編、三、一），金文作（亞屰卣），（目父癸爵），（父丁爵）（金文編、三、一），象大人之倒形，蓋俯視所得：大人自門出而迎之之形。作凵者可變直作一，故古文將屰省作屰形，其中增點作屰形，點延伸成線，其後演變成朿形。此其二。「厂」因「欠」變作旡形及「屰」譌成朿形而同化作尸形。

古文字因時空之異，凡一合體之字某一偏旁起大幅度變化時，其它部分亦隨之而變。此古文字演變譌化之通則。此其三。基於此理，則「厥」字譌變成[illegible]形矣。

66 迷

【述】

△[illegible]迷　此以縻為迷，春秋莊十七年多縻，何氏公羊解詁云：縻之為言猶迷也。（王說、頁二三二六）

△迷亂，迷作[illegible]。

借縻為迷。（章說、頁二八）

△[illegible]縻　無逸　按石鼓文作[illegible]，鉩文作[illegible]，此从米乃从米之誤，石經假為迷字古文。（孫說、頁九）

△段縻為迷。左莊十七年：多縻，何氏公羊解詁

云：麋之為言猶迷也。（商說、卷二、頁二〇）

（考）說文解字十上鹿部：「麋 鹿屬。从鹿米聲。麋冬至解其角。」（頁三下）石經無逸：「無若殷王受之迷亂」，古文作，小篆作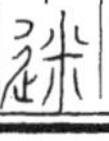。王、章、孫三家均以假借說之，是也。「鹿」字甲文作（戩四二、一一），（佚149），（京津）、（存下346）、（餘13.1）（甲骨文編、一〇、三）；金文作（命簋）．（貉子卣）、（「麋」字偏旁、師害簋）、（「麐」字偏旁、曾大保盆）（金文編、一〇、三）等形。而「麋」字金文作（樊君簋）、石鼓田車：「麋豕孔庶」，作（石刻篆文編、一〇、五下）；（麋弋）、（亡麋）（說文古籀三補、十、二）等形。石經古文从鹿从米聲，然「米」字作米形

，將橫畫稍加斜迤，仍為「米」字；孫氏謂「从氺乃从米之誤」，則不然矣。至於「鹿」字作[glyph]形者，其上作[glyph]乃象其角崢嶸，雙目炯炯形。自甲金文觀之，「鹿」字之上為象角及眼之形，師害簋「麋」字之形構與此類似。其下作非形者，即自[glyph]若比而變也；原象鹿之足蹄形；其後樊君鬲作非者，即將比之左匕反作彡形，蓋基於字之形構與平衡關係，受右匕之類化作用，因而如此作也。石經古文段「麋」為「迷」者，因迷、麋二字具从「米」聲，古文字中，凡形聲字同聲符者，其古音必同，則可以段借。

67. 逸

〔述〕

△[glyph]逸　集韻逸古作[glyph]，即此字。又者，介之譌

；力者，夕之譌；王者：彳之譌也。尚書中逸泆諸字，古本多作屑，或作佾，多士：大淫泆有辭，釋文云：泆音逸，又作佾，注同；馬本作屑，云：過也。多方：大淫圖天之命屑有辭，與多士：大淫泆有辭句例相同，是偽孔本亦聞作屑。又如盤庚：予亦拙謀作乃逸，其發有逸口，日本所存未改字尚書逸皆作佾，薛季宣書古文訓本亦然。考屑佾本一字，說文無佾字，蓋以為屑之俗字，从人从了从乃，在古文並無區別，然則馬本作屑與作佾之本固無異。此腏字，蓋本从水从屑，轉譌而為腏，猶腏字之又轉譌而為捀也。（王說、頁三三二一｜二）

△逸作腏，無逸于逸同。

說文：逸，失也。从辵兔。兔謾訑善逃也。此各从兔从行，與辵兔同意。宗周鐘有㲋字，師西殷有肙字，皆從㒸，其頭與此兔頭同，舊釋為能，皆不諦。左從爿，爿者，藏也，謂兔逃藏窟中，古藏字作臧，亦非本字。民國十四年承仕說：㒸從狀，肙聲，從狀與從水同意。多士上文大淫泆有辭，釋文：泆又作佾，馬本作屑，此從狀，猶泆之從水也。從多，猶佾屑之從肙也，以此問於先生。先生答曰：以狀為古文狀，是矣。若謂肙即肙字，則上㞢與八絕殊，上㞢乃兔頭，從肉肙者，猶龍能之從肉耳，從狀從逸省聲，是為泆字。謹按此義亦通。吳承仕附記。（章說，頁二四）

△㒸逸 多士 多方

王國維曰：集韻逸古作䢙，即此字。久者，肙之譌；力者，夕之譌；王者，公之譌也。尚書中逸泆諸字，古本多作屑，或作佾，多士：大淫泆有辭，釋文云：泆音逸，又作佾，注同；馬本作屑，云過也。多方：大淫圖天之命屑有辭，與多士：大淫泆有辭句例相同，是偽孔本亦間作屑。又如盤庚：予亦拙謀作乃逸，其發有逸口，日本所存未改字尚書逸皆作俗，薛季宣書古文訓本亦然。考肩、俗本一字，說文無俗字，蓋以為肩之俗字，以尸从几，在古文並無區別，然則馬本作肩，與作俗之本固無異。此滕字蓋本从水从肩，轉譌而為滕，猶滕字之又轉譌而為摓也。（孫說、頁九）

△今本作泆。（商說、卷十、頁六）

（考）說文解字十上兔部：「䨲 失也。从辵兔，兔謾訑，善逃也。」（頁四下）石經多士：「誕淫厥逸」，古文作滕，篆文作[illegible]。王氏舉書經異文以證書經「逸」字多假「肩」字為之。考許書八上人部：「肩 動作切切也。从尸肙聲。」私利切古音心紐十二部，「逸」字夷質切古音定紐十二部，古韻同部，知王說甚碻。又謂石經古文字本从水从肩作「滑」，作滕者乃「滑」之轉譌。案金文从水之字如「漾」字作羕（麥鼎），

□（令鼎）（金文編、一一、四），「倏」字作□（倏鼎）（同上、頁五），合體之字从水旁可置水於左，亦可置于字下，若金文之例。唯「水」字作□中畫中斷即成□形，如「澤」字从水，石經古文君奭作□（石刻篆文編、十一、一二下），「海」字汗簡引尚書作□，「涉」「洞」二字引義雲章作□、□（下之一、頁六一），均是其例。而此滑字其下之□者，誠如王氏所云乃「水」字之譌也。字之夕即肙之「月」，而□者即尸與八混合而譌也。「尸」字本作□（尸作父己卣）若□（無㠱簋）若□（伯顀父鼎，「屖」字偏旁）（金文編、八、二。），容氏庚謂：「金文作□，象屈膝之形，意東方之人其狀如此。」（同上）是也。「尸」之「ㄗ」與肙之「八」混合而作□形，□增繇之作肙形，即成□形矣。此石經古文「肙（俏）」所轉譌之始末。章、吳二說多涉強，未若王說之精確可信。

68. 戾

【述】

△⿰立戈 戾 此字从犬立，不如篆文戾字之古。（王說、頁三三二三）

△大戾、戾作⿰立戈。從犬，立聲。周官故書以立為泣，說文作⿰立聿，知古音立可讀⿰立聿，故戾之古文從立聲，說文未錄。（章說、頁二五一六）

△⿰立戈 戾 多士 按甲骨文作⿰立犬，後下、四二、八與此同。（孫說、頁九下）

（考）說文解字十上犬部：「戾，曲也。从犬出戶下。戾者，身曲戾也。」（頁五下）石經多士

：「即于殷大戾」，古文作𤜵，篆文作戾。甲文有「戾」字或从犬作𤜵（後下42.8）或从豕𧱏（河881），字均从犬，从豕本無別也，猶「遂」字亦有从「犬」作者，孫氏海波謂「說文所無」（甲骨文編、一〇、六下），非是。金祥恆先生入後者（河881）于「戾」字下，甚確。今自石經觀之，从立之「𤜵」當古於「戾」，而王氏反謂不如篆文古，則因未見甲骨文「𤜵」字之故。「𤜵」為篆文「戾」之古文，實真古文也。章氏謂字从犬立聲，信然。

69. 狄

【述】

△[illegible]狄　此字从刀从辛，於六書無可說，疑禓字之譌。古狄易同聲，故逖之古文作逷，史記殷

本紀簡狄舊本作簡易，漢書古今人表作簡逷；山海經、竹書之有易，楚辭天問作有狄，此蓋假禓為狄。然古自有狄字，曾伯霥簠作狄，从亦不省，戳狄鐘作狄，从亦省。（王說、頁三三四二）

△狄侵齊，狄作⿱夂卒。

古狄翟互相借，翟本雉名，引伸為羽飾衣。此蓋羽飾衣正字，從半羽，從衣，一者題識也，與卒同意，借為狄字，凡三見。（章說、頁五二）

△⿱夂卒（狄僖廿九）王國維曰：此字从夂从卒，於六書無說，疑禓字之譌。古狄易同聲，故逖之古文作逷，史記殷本紀簡狄，舊本作簡易，漢書古今人表作簡逷；山海經竹書之有易，楚辭天問作有狄，此蓋假禓為狄。（孫說、頁九下）

△汗簡引石經作⿰金彡。（商說、卷十、頁六）

（考）說文解字十上犬部：「㶣　赤狄，本犬種。狄之為言淫辟也。从犬，亦省聲。」（頁六）石經僖公：「狄侵齊」，古文作𤆗，篆文作㶣。金文「狄」字从火或从亦作𤉡（獸狄鐘）作𤈦（曾伯簠）（金文編、十、四下）形，由金文从「亦」作，知篆文从「赤省聲」說之不確，當云：「亦省聲」，段氏改「赤」作「亦」（見段注十上、頁三十三），甚是。容氏庚云：「曾伯簠：克狄淮夷，與詩抑：用逷蠻方之『逷』同，說文作逖。」（同上）二下辵部：「逖，遠也。从辵狄聲。逷古文逖。」（頁三），許君以「逷」為「逖」之重文，則古「狄」與「易」之關係，有如王氏所謂「同聲」。又八上衣部：「裼，袒也。从衣易聲。」則睪與「裼」之關係，實難以系聯，因此王氏謂「（𤆗）於六書無可說」，但其又謂：「疑裼字之譌」，實令人費解。考「卒」字臧沒切古音精紐十五部，「狄」字徒歷切古音定紐十六部；十五、十六二部古合韻最近可通。再依三體石經、古、篆、隸一字三體之例，則⿱爫卒與狄古音必同，古文家作⿱爫卒，而今文家方讀作狄也，依此例之，狄、⿱爫卒古韻相同似無疑問。是故⿱爫卒字乃从爫（即爪）卒聲。而⿱爫卒所以用作「狄」者，蓋在「狄」字未造之前，先有「卒」字，八上衣部：「卒隸人給事者衣為卒，卒衣有題識者。」（頁九下），甲骨文作卒（乙207），卒（珠538），卒（粹1325）（續甲骨文編、八、十三）等形，唐蘭、王襄、丁山、孫海波、聞宥、李孝定諸家均釋為「卒」字，（王說見簠室殷契徵文考釋雜事、頁十三下，丁說見殷商氏族六國志、頁一三六，孫說見甲骨文編、卷八、頁十上，云：「

从文，象文飾形，為辛之初文。」聞說見甲骨文字中乂文之研究，李說見甲骨文字集釋、頁二七二六一七），尤以李說最為詳贍，張日昇亦从其說（見金文詁林、頁五二三三）是也。蓋古者初民征伐得勝，必繫虜戰敗國之男女而歸，男為奴隸，女為婢妾，為與庶民別異，故題識其衣以為識別，此即許君所謂「辛衣有題識者」也。卜辭每有「獲羌」之語，即指其繫獲羌人，與甲文「辛」相互參證，則益可明瞭。征戰所獲多為異族，因此「戎狄」之名得以「辛」名之也。又有从又从衣之「辛」字，甲文作：辛（乙2650），辛（7200），辛（外64）（續甲骨文編、八、十三下）；金文作辛（外辛鐸）（金文編、八、一三下）等形。此為石經古文从彡从辛作辛者所自昉也。造字者創造「辛」字，或取其衣上之「題識」

，則交文以顯示之；或取其从又（手）从衣以會其奴役工作之誼，造字者縱使所取象偏旁雖稍有殊差，然从「衣」者則一也，因此其所示之誼亦一也。至於其作「狄」用者為叚借誼。因此古文从爪辛聲，在「戎狄」字未造之前，「辛」本與「戎狄」有關，且其字音與語音之戎狄之「狄」密合，因此以「辛」為「狄」也。似非王氏所謂「𢆉」為「裼」字之譌云耳。

70. 德

【述】

△𢛳 德 與說文古文同。（王說、頁三三二七）

△德皆作𢛳。

說文德訓升，道德字本作悳，此從古文直也。今說文古文悳作𢛳，則筆勢變異矣。（章說、

頁一八）

△㥁（悳）無逸君奭多方 此与說文古文同，石經假為德字古文。（孫說、頁九下）

△古文不从彳。（商說、卷二、頁二八下）

△說文之古文同，汗簡引作㥁誤。悳德一字，許氏分為二非也。（商說、卷十、頁一七下）

（考）說文解字十下心部：「㥁外得於人，內得於己也。从直从心。㥁古文。」（頁五下）石經君奭：「罔不秉德」，古文作㥁，篆文作德。許書古文與石經文相近似，其殊在㐫與囟之不同，當以石經為正，許書所作，殆筆勢變異所致。至於許書古文所以如此作者，請參閱拙作說文解字古文釋文考述、頁八四五－五〇，茲不再贅述。

71. 怒

【述】

△𢘉 集韻怒古作𢘉，日本未改字尚書同。（王說、頁三三二九）

△怒作𢘉。

說文古文怒如此，然如奴皆從女聲，故怒怒並可從女得聲。（章說、頁三十三）

△𢘉無逸 王國維曰：集韻怒古文作𢘉，日本未改字尚書同。（孫說、頁十）

△日本未改字尚書與集韻古文同，汗簡引孫強集字與說文之古文怒亦同，此未知其審。（商說、卷十、頁二〇）

（考）說文解字十下心部：「𢙎 恚也。从心奴聲。」（頁八）石經無逸：「不啻不敢含怒」，古文作𢘉，篆文作𢙎。石經文公：「公孫敖如齎」，古文不从口作□，篆文始从口作□（見石刻篆文編、十二、一四下）。同理「怒」字从如聲，許書古文即不从口而僅从女从心作□形（頁六）。「如」、「奴」均从女聲，初，字本僅从「女」作，而叚借作「如」、「奴」、「汝」諸字義，其後為使借誼與本義有別，始增「口」、「又」「水」為形符，而孳乳成為「形聲」作「如」、「奴」、「汝」形。此合乎凡古文字中之形聲字必以聲母為初文之條例。

72.釋

(述)

△□□ 釋 此澤字，假為釋。(王說、頁三三三四)

△釋作□。

借澤為釋。(章說、頁四五)

△□□ 澤 君頵 此假澤為釋字，古文弟一體未詳也。(孫說 頁十)

△古文借澤為釋。(商說、卷二、頁五)

又：(□)汗簡引碧落文同。(商說、卷十一 頁一二下)

又：(□)汗簡引義雲章同，此段為釋，釋字重文。(同前)

(考)說文解字十一上水部：「澤 光潤也。从水睪聲。」(頁五下)又二上釆部：「釋 解也。从釆，釆取其分別物也。从睪聲。」(頁一下)石經多士：「罔不配天其澤」，

釋

古文作□，篆文作□；君甗：「天弗庸釋于文王受命」，古文作□，篆文作□。君甗「釋」字古文作「澤」，假「澤」為「釋」，澤、釋二字均从睪聲，凡形聲字其聲母相同者古必同音，故石經借「澤」為「釋」。楚簡「擇」字作□（長沙仰天湖楚簡、第二十八簡），史氏云：「擇就是澤的別體，漢簡从石从睪，寫作礋，从水从土或从石，都有光澤的意思。」（長沙仰天湖出土楚簡研究，頁三三下）楚簡「擇」之「睪」作□形，與石經古文作□者形近。古鉥「澤」字作□（罄），□（凝），□（待）（古璽文字徵、十一、二）；金文「擇」字作□（沇兒鐘），□（邾公華鐘），□（子璋鐘），□（邾公牼鐘），□（其次句鑃），□（中子化盤），□（攻吳王監）（金文編、三、一二）等形。其中「四」（目）古文作□（石經僖公：「隕霜不殺草」，霜字作□形，其「四」字亦作□形，可證。）形，乃自金文、古鉥等之「四」字一系列演變而來（

詳拙作說文解字古文釋形考述「目」字條、頁四〇七—一四〇。前引金文、古鉢之㠯即古文作㠯形者之宗祧。蓋作㠯者，其中直畫可簡省作點，而兩短畫可交叉為乂，即成㠯形。多士之「澤」字作[illegible]形，其中之[illegible]形又自古文之㠯譌變，[illegible]者則為𦃃之省變，書寫者欲將「水」納入「𦃃」中，不得已而如是作，其非即[illegible]（即「廾」）之反文。汗簡引碧落文「澤」字作「[illegible]」形，與石經古文近似，知澤字之作[illegible]者，又自㠯𦃃簡省訛變而來者也。

73、淫

〔述〕

△[illegible] 淫 案此字以篆文為正，此古文譌舛。（王說、頁三三二一）

△誕淫厥逸，淫作[illegible]。

左旁水字，古文與米相似，上下皆斷，中橫貫之，亦與

作爫者為中有微陽之氣同意。右旁從夕者，變爪為丮也。（章說、頁二三）

△𣹋淫多士　此字譌爫為米，譌𠂋為夕。（孫說、頁十）

△古文从米乃水字之譌誤。（商說、卷十一、頁一二下）

（考）說文解字十一上水部：「淫　侵淫隨理也。从水㸒聲。一曰：久雨為淫。」（頁五下）石經多士：「誕淫厥逸」，古文作𣹋，篆文作淫。石經古文所从之「水」作米形，與「米」字近似，然實非「米」字，仍以从「水」字為是。金文「旅」字从水作𣥺（格伯簋）（金文編、七、七），其水旁作「爫」，或即石經古文淫字水旁作米形之張本。蓋爫（水）又可作巛形，其中增多一橫畫即成米形，猶「旅」字所从之水作爫形然。古文字於偏旁中往往增損不定，或替代無常，然無傷其構字示義之標的。因此同一偏旁中或有損益，或同義類偏旁中有互相替換之現象，所見匪尠，不勝枚舉。是故「淫」字从「水」旁，並非有所譌誤。八上壬部：「

「垩，近求也。从爪壬；壬，徼幸也。」（頁七）「淫」字从垩聲，而「垩」从爪壬，會意。石經古文所从作𡍮形，其中「爪」作「𠬝」者，蓋古文「壬」作「王」形，已是增緐；而「爪」之作「𠬝」形，亦受「王」之同化作用而增緐，又猶水之作「𡿨」也，乃增緐之例，實非訛「爪」為「𠬝」也。古合體字中，所从偏旁，每正反不拘，左右無限，然則其示意無殊，本則石經古文即其一例。

74. 冬

〔述〕

△𠔀冬 此字从日从冂，石經春夏冬三字皆从日。（王說、頁三三四〇）

△冬皆作𠔀。與說文合，下作二橫，古銅器款識冂字下畫亦多不連。（章說、頁二十一）

△□（冬）僖廿八　此與說文古文同。（孫說、頁十）

△說文古文作□。（商說、卷十一、頁一九下）

（考）說文解字十二下仌部：「□　四時盡也。从仌从夕；夕，古文終字。」（頁三）石經僖公：「冬公會晉侯、齊侯、宋公、蔡侯、鄭伯、陳子、莒子、邾人、秦人于溫」，古文作□，篆文作□。金文「冬」字作□（陳騂壺：「孟冬戊辰」）（金文編、十一、八下），楚繒書作□（The Chu Silk Manuscript—Translation and Commentary．Characters of The Chu Silk Manuscript p.297, No 263）形。字均从□从日，即「冬」字古文所本。至於「冬」之形構及其流衍，曩昔已有考述（詳拙作說文解字古文釋形考述、「冬」字條，頁八八五—九四），茲不復贅言。

75. 震

〔述〕

△⿱雨⿰囧⿺戈火 震　說文⿱雨⿰囧㦰籀文震，與此不同。（王說、頁三三四六）

△地震，震作⿱雨⿰囧⿺戈火。

籀文震作⿱雨⿰囧㦰，此形有異，蓋從雨，從古文㦰，會意。

古文㦰作⿰𠂤⿺戈火，上從𠂤，疑本從百省，百火，狀其盛，猶𤇾從廿火也；從戈者，𢦏省聲。（章說、頁五八）

△⿱雨⿰囧⿺戈火 文九 震　此字偏旁未詳所从。（孫說、頁十）

（考）說文解字十一下雨部：「震，劈歷振物者。从雨辰聲。春秋傳曰：『震夷伯之廟。』」（頁三下）石經文公：「九月癸酉地震。」古文作⿱雨⿰囧⿺戈火，篆文作震。按「震」字古文之形構為：从雨从囧从⿺戈火，會意。「⿺戈火」者，从戈从火，會意，為「災」之本字。甲骨文中「災」字之異體有：巛、𢦏、州、州諸字，董氏作賓云：「辛酉卜，王田，往來亡州（前三、二六、一）」。巛象橫流汎濫，為水災本字。𢦏从戈在聲（德修謹案：當作「才聲」），為兵災本字。巛字豎書，又加在聲乃變為巛，再省為川。這個系統是很顯明的。更列表如右（德修謹案：原作為西式書寫，由左至右，本文所引則當云：如左。）：

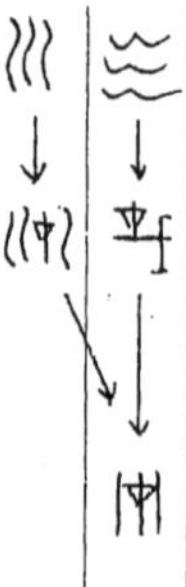

武丁．庚 武乙

」（甲骨文斷代研究例、中央研究院史語所集刊外編第一種、上冊、頁四一一，又收入董作賓學術論著、上冊、頁四七一）氏說可信。金文从戈才聲作𢦏（𢦏弔鼎）、𢦏（鬲比盨）（金文編、十二、二七），隸書作災、灾等形。古人示「災」字之義，或从水，或从火，或从戈，其後再增「才」為聲。由是可徵，石經古文「震」字所从之戎，从戈从火，亦即今之「災」字。

石經古文「震」字从囟者，七上囟部：「囟　窗牖麗廔闓明，象形。讀若獷，賈侍中說，讀與明同。」（頁四下）品式石經咎繇謨：「夙夜浚明有家」，明字作「囧」；僖公

：「盟于狄泉」，盟字篆文作「𥂗」；詛楚文：「而兼倍十八世之詛盟」，作𥂗（石刻篆文編、七、九）等形。「明」、「盟」二字所从之「囧」與古文「震」字所从之囧正相類似，故定為「囧」字。古文「震」其上从雨，與說文同，諸家亦無異說，自無庸贅言。

綜之，石經古文「震」字，从雨从囧从戒，會意。从雨者，雨本與雷電密不可分，蓋雷電交加，雨必驟至，故「電」字，亦从雨作；从囧者，則示雷電之閃明也；从戒者，以表雷電殛物成災之誼。此許君所以說解「震」字為「劈歷振物者」之理。其後，因古文湮霾，其形構不易為後人所易解，故从雨加「辰」為聲符，而成形聲字矣。

76 聽

〔述〕

△𦔻 聽：此字从口耳，會意。（王說、頁三三二七）

△此厥不聽，聽作［古文字形］，從耳從口，會意，說文未錄。汗簡［古文字形］字，聽聖兩讀，蓋疑是聖之省文也。聽、聖皆得聲於壬，古音本同。廣川書跋稱秦碑皇帝躬聽，今史記聽作聖，是相通之證。漢石經作此厥不聖，蓋一印字，古文則讀聽，今文則讀聖耳。朱公𨟭鐘，昏為之［古文字形］，正當讀從聽。（章說，頁三〇一一）

△［古文字形］聽 多方 按此字从口耳，會意，鉩文作［古文字形］，與此同。（孫說，頁十下）

△汗簡引義雲章聽亦作聖作［古文字形］。（商說，卷十二，頁八下）

（考）說文解字十二上耳部：「聽，聆也。从耳悳，壬聲。」（頁四）石經無逸：「此厥不聽」，古文作［古文字形］，篆文作聽。「聽」字金文作［古文字形］［古文字形］（齊侯壺）（金文編、十二．五下），字从耳从古，生聲，乃後起之形聲字；其始也，本从口耳，會意，作［古文字形］（邾公華鐘：「慎為之聽」之聽字，上海博物館藏青銅器附冊、頁八三）；古鉥「繯聽」作□，从耳壬聲，「聽人」作[illegible]，从耳从口（丁氏福保云：「以耳聽，以口斷也。」（說文古籀補補、十二、二））。「申聽」作[illegible]，口譌作日（同上）等形。按字以从耳从口者為最古也。以此律之，則石經古文「聽」字為真古文，誠如王氏所云从口耳，會意是矣。「聖」字或假古文「聽」字為之，蓋聖者必具備耳聰目明，聞一而知十之必要條件，其後也久，假不歸，因增形符「古」及聲符「生」而成「[illegible]」字（金文），而「聖」字又為與「聽」字別，而增「壬」聲，作「聖」字（見說文解字）。然則「[illegible]」與「聖」二字形構猶近，古音亦同，甚易混淆，是故再造从聽壬聲之後起形聲字「聽」，而與「聖」字別異，遂歧分為二系，因而「聽」、「聖」二字沿用迄今而未曾更易。至於章氏所舉「聽」、「聖」相通之證，信而有徵，乃不易之論。

77. 聞

〔述〕

△䎽聞 與玉篇所載古文同。（王說，頁三三三四）

△我聞在昔，聞作䎽。

聞從米聲者，米與聞脂諄對轉，觀亹可讀門，又可讀娓，即其例。隸寫或從獸爪之釆，非也。汗簡、玉篇、集韻及莫高窟所出尚書音義，堯典予聞字皆作䎽，從米。（章說，頁四〇一一）

△䎽聞 君奭 按此與玉篇所載古文同。（孫說，頁十下）

△說文古文作䎽，金文盂鼎作䎽，皆不从門。汗簡引尚書作䎽，引說文作䎽，古文四聲韻作䎽，二者恐有所誤。玉篇之古文與此同。（商說，卷十二，頁九）

〔考〕說文解字十二上耳部：「聞，知聞也。从耳門聲。䎽古文从昏。」（頁四）石經君奭：「我聞在昔」，古文作䎽，篆文作聞。金文「聞」字作𦖞（毛公鼎），

□（殳季良父壺），□（克盨），□（䇂伯簋），□（[illegible]弔多父簋），□（諫簋），□（邾王子鐘），□（彔伯簋）（金文編、十二、十三下）形。容氏庚將「聞」字入於「婚」字條下，并云：「婚與昏為一字，說文䏍籀文婚，即此之譌變。又車部轙字云：䏍，古昏字，經典亦多以昏為婚。」（同前）容氏僅知金文以「昏」為「婚」，而不知以「聞」為「昏」。从字形上言，「聞」字之形構基因為：从一巨耳，从一手或二手，从人或从女，無論人女均作企足張口狀。古者消息之傳遞端賴耳聞目視，是故造字者所賦予「聞」字之形構，即誇大其耳，是故金文所从「耳」字獨踞右旁，而以手直伸作扶耳狀，使聞者接受音波之幅面擴大，又企足使身勢增高，以利聽聞，此即荀子所謂「跂而望」、「順風而呼」（勸學篇．荀子卷一、頁二）之用心；而作張口狀者，亦其聞後而作答之誼。「口」上之亦若亦若亦若亦者，似為聞者之標幟，使對方顯而易見耳，當是古代為通訊者所作特殊設計。石經古文「聞」字即自金文而者，字从耳从米从一，其中所从之「米」，即「標幟」之孑遺；而「一」則孑中若孑孖之省，去其孑中若孑孖形，僅口中之「一」耳。至於「聞」字之來龍去脈，作周詳分析及系統介紹，請參閱拙作說文解字古文釋形考述、「聞」字條頁九二六—三四，茲不復贅言。

78. 聘

「述」

△桒聘　此字不知所从。（王說、頁三三四四）

△國歸父來聘，聘作桒。

此甹字也，說文甹字从由，聲意皆不可說。此從安，不知何字。蓋小篆整齊作由耳，從朮乃兮字，說文古文兮作采，可證。古字丂兮多相變。（章說、頁五四—五）

又：春秋僖公經：國歸父來聘，聘古文作桒，前說為甹字。今按此真古文聘也，說文聘，訪也，邦交之禮，大曰聘，小曰問，聘亦問也，隆殺異耳。故其字從貞，說文，貞，卜問也，從古文平省聲。（章說、頁六一）

△桒 僖卌 聘　此字偏旁不知所从。（孫說、頁十下）

（考）說文解字十二上耳部：「聘，訪也。从耳甹聲。」（頁四）石經僖公：「齊侯使國歸父來聘」，古文作桒，篆文作聘。金文聘字作聘（大良造鞅方量）（金文續編、十二、二下），與許書篆文同。古者聘禮為婚禮儀節之一，自與婚禮有密切關係，造字者自然以此立場造字。「婚」字既假借「聞」字為之，則「聘」字似亦與「聞」字有關。石經古文「聞」字作𦖞形，而「聘」字古文其下所从之「米」，即是取自「𦖞」之上半「米」而來；其上作貞者，即「甹」字六國時之形構然。此說如能成立，則石經古文「聘」字，从米（古文「聞」字省）甹聲。蓋古文「聞」字从耳从米从一，秦篆取其「耳」以造「聘」字（見金文、許書所作）；而六國古文則取其「米」以造「[illegible]」字，自亦有脈絡可循者也。或以邦交聘禮言之，然邦交聘禮乃自婚禮擴充而來，非先有邦交聘禮，而後方有婚禮聘禮也。

79. 如

〔述〕

△[illegible]如　此以女為如。（王說、頁三三四〇）

△如皆作[illegible]。偺女為如。（章說、頁二三）

△[illegible]女 無逸 君奭 僖卅六 [illegible] 品字式 [illegible]　按尚書假女為汝，春秋假女為如。（孫說、頁十下）

△汝如相通段，汝如重文。（商說、卷十二、頁十二下）。又：古文不从口。（同前、頁一四下）

〔考〕說文解字十二下女部：「[illegible] 婦人也。象形。王育說。」（頁一）石經文公：「公孫敖如齊」，古文作[illegible]，篆文作[古文字]。石經古文：如、汝、奴諸字均僅从「女」作，其理也、請參看本書「怒」字條，茲不復贅述。

80. 民

〔述〕

△[古文字]民 與說文古文同。（王說、頁三三二六）

△非民，民作[古文字]。

與說文合。（章說、頁二九）

△[古文字]堯典 民無逸 多方 此與說文古文同。（孫說、頁十下）

△說文作[古文字]，汗簡引書史同，小篆同此，段氏作[古文字]非。（高說、卷十二、頁一六）

（考）說文解字十二下民部：「民 眾萌也。从古文之象。[古文字]古文民。」（頁五）石經無逸：「乃非民所訓」，古文作[古文字]，篆文作[古文字]；品式石經咎繇謨：「予欲左右有民」，古文作[古文字]，篆文作[古文字]。石經古文與許書古文同，後者蓋昔已作[古文字]

述（請參看拙作說文解字古文釋形考述，「民」字條，頁九四〇一七），茲不再重復。

81. 弗

〔述〕

△弗弗 上虞羅氏藏燕斷戈上有鍨鉘二字，鉘字正从此，上有二點。（王說，頁三三二二）

△我弗敢知，弗作弗。

此字古文五見，皆如此作。說文弗從韋省，今人多疑當從弓。觀此，始悟說文有據，蓋古文東者當作弗，以結體不便作弓，若從弓，則不得如此作也。（章說，頁三五）

（考）說文解字十二下丿部：「弗，撟也。从丿，从乀，从韋省。」（頁五）石經多士：「惟天弗畀」，古文作弗，篆文作弗。石經古文中直線在橫線上者，在文字演變過程中，常可開又作竹形，如「昏」字之古文作□若□形，即是其例。而「弗」字之古文作𢎳形，其理亦同；金文「鉘」字作□（郾侯脮戈）（三代吉金文存、十九、四六下、二）所从之「弗」字與古文近似，是戈為六國器，可證石經古文此字乃六國文字也。

82. 戰

〔述〕

△□　戰　盂鼎有□字，即此□旁之所從出，古文四聲韻引王存乂切韻單作□。（王說、頁三三四六）

△戰于彭衙，戰作□。

說文：單，從吅，吅亦聲。闕。秦碑作單，亦不從吅，其形不可說，此左旁形乃更異。按王母鬲有□字，正與此同，蓋皆單之古文，其字從冏。馬本尚書盤庚：誕告用單，說曰：單，誠也，此從冏之由。若王母鬲之□宮，則是借單為墠，所謂壇，壝宮也。阮氏未見石經，乃釋為嘼，然汗簡錄義雲章嘼字，上㫄已誤作嘼頭，且不注今隸何字，則當時已不識矣。（章說、頁五七一八）

△戰文二戰 按楚王酓忎鼎作戰，與此同。（孫說、頁十下）

△與楚王酓忎鼎同。（商說、卷十二、頁一八）

（考）說文解字十二下戈部：「戰，鬭也。从戈，單聲。」（頁六）石經文公：「戰于彭衙」，古文作戰，篆文作戰。戰字，石經古文所从之「單」與小篆所作懸殊，唯其形構有源流可循焉。孫氏引楚王酓忎鼎，章氏引王母鬲，王氏引盂鼎、古文四聲韻，均可資佐證。其中章氏剖析「單」形，謂「其字從冏，馬本尚書盤庚：誕告用單，說曰：單，誠也，此從冏之由。」其說似言之有據，然細覈之，實渉牽強。

中國文字為形義相合，音義互切者也。是故欲明「單」字之構形，必須先明其本義，方可測其流變，擇其內涵。考「單」字，甲骨文作[glyph]（乙4680反），[glyph]（乙1049），[glyph]（粹73

）。[字形]（菁5.1）（甲骨文編・二、一四）諸形。其作[字形]形者與金文作[字形]（小臣單觶）形吻合。說解「單」字之初形本義者多家，如：徐氏灝以為象箪形（見說文解字注箋），孔氏廣居以「單」為「觶」之古文（見說文疑疑），林氏義光以為「蟬」之古文（見文源），陳氏邦福則謂：「單」（[字形]）為㫃象，是蘄之省變（見殷契瑣言、頁七下），章氏太炎謂襲為「單」之本義，字象蟬聯相續形（見文始），郭某謂單象捕鳥器（金文叢攷、壴卣釋文、頁三一五—六）朱氏芳圃以「單」為「罬」之初文，並謂「[字形]象兩輳，田象罟網，丨象長柄。」（見殷周金文釋叢、頁一—二）以上諸說，於理欠瑩，均未中的。唯丁氏山曰：

「單之形見于殷契者，與金文不甚遠，而其流變也，往往似干，干與盾同實而異名，盾單雙聲，而單干疊韻，審其聲音遞轉，竊疑古謂之單，後世謂之干，單、干蓋古今字也。」（見說文闕義箋、頁三—八）（德修謹案：

其例證綦多，從略。）

斯說也，李氏孝定評之曰：「丁氏以干解單，更以戰字从单或从丫證之，於形、音、義三者俱合，說荅可從。」（甲骨文字集釋、頁四三〇）所評甚是。

今自「單」字所孳乳者觀之：「獸」字甲骨文從犬从單作[illegible]（鐵36.3）形，孫氏海波云：「卜辭獸从犬从單，用為狩獵之狩。」（甲骨文編、一四、九）字从犬从單，以會「狩獵」、「守備」之意。段氏言字為會意，且云：「步儀有守犬衛宅舍也。」（說文解字注、一四下、一九）甚碻。再如「撣」字从單，甲骨文作[illegible]（甲2433），許書云：「提持也。从手單聲。」（十二上、頁五）古者田獵事習以為常，則造字者因其日常所見而牾「撣」字，从手提「干盾」，引申而有「提持」誼。又如「戰」字，从戈單聲，聲兼意，古者戰鬪，必手持干盾以自衛，執戈矛以攻擊也，是故許君說解作「鬭也」。由「單」字之形構及其所作偏旁之會意，知

「單」文之本義確為象「干盾」之形。字雖有諸形，繇簡有殊，然其為象形文則一也。則石經古文「戰」字所从之「單」所以作形者，亦可得而說。

在未言及石經古文「戰」字所从「單」字形構之前，先將甲金文「單」字及从「單」而作之字形，羅列如左，以資比較，觀其變化：

單：（乙4680反），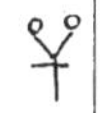（乙1049），（粹73），（菁5.1）（甲骨文編、二、一四上）（小臣單觶），（毀尊），（單伯鬲），（蔡侯匜）（金文編、二、一五）

撣：（甲2433），（甲2772）（甲骨文編、一二、四）

戰：（酓忎鼎），（酓忎鼎）（金文編、一二、二六下）

嘼：（盂鼎二），（師寰簋），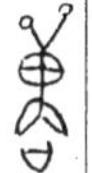（王母鬲），（命瓜君壺），（[illegible]寰簋），（文鼎

），單（散盤），單（袁盉父鼎）（金文編、一四、二一下）

獸：獸（鐵10.3），獸（摭續122），獸（前6.47.5），獸（甲181），獸（甲2299），獸（粹189），獸（寧滬2.11.1），獸（京津4416），獸（拾6.8），獸（拾6.3）（甲骨文編、一四、九下一一〇）

獸（宰宙簋），獸（先獸鼎），獸（員鼎），獸（獸爵）（金文編、一四、二一下）

即此觀之，「單」文之形構，於殷周數百年間，有其顯著而溫和之變化，當屬「漸變」，史有軌迹可尋。今試循其軌迹，以探究其始末也。「單」字本象干盾形，甲文作Y或Y形，其後實點者虛之作成Y若單或單或單形；同理，實點者亦可延伸成線或作單或作單形；中空者可增點線充實之而作單形，或錄之作單形。至金文本諸甲文繼續演變，本是作單形，或作單形，又可作單形，則「單」之U以下部分已起變化，尖者或圓之作單形，圓者又可變為日作單形；ㅁ再線複之作單形，內中實之以點而作單形；四與口合作單形，增線之則作單形；再則其大之「人」與「一」同化作單形。至於散氏盤之作單單形者，則是自單單與單形之線化，橫線可變化作「ㄥ」或作「八」，故字作單形，而作直線者可分岔作人，故字又作單形。至戰國楚器字作單形者，凵乃自ㄩ簡化而來，猶如許書「嚚」字作嚚形之凹形者然。而單形則自單形而變，其將冂上邊，加諸受楚文字曲柔書寫之影響，即成單形。石經古文則本諸楚文，而再將單分化為二，即成單形矣。字本是一體，在演變中分化為二者，其例匪鮮，茲舉一例，以資佐證：「藥」字，金文作樂（藥鼎）形，至鉥印文字則逕作藥（藥府藏印．稽）、藥（藥始光、舉）（璽印文字徵一、一、一七下），即是其例。「單」字之演變及其形構既明，則「戰」字从戈單聲，石經古文作戰形，亦可一目瞭然矣。今將其演變，列表如左，以供參考：

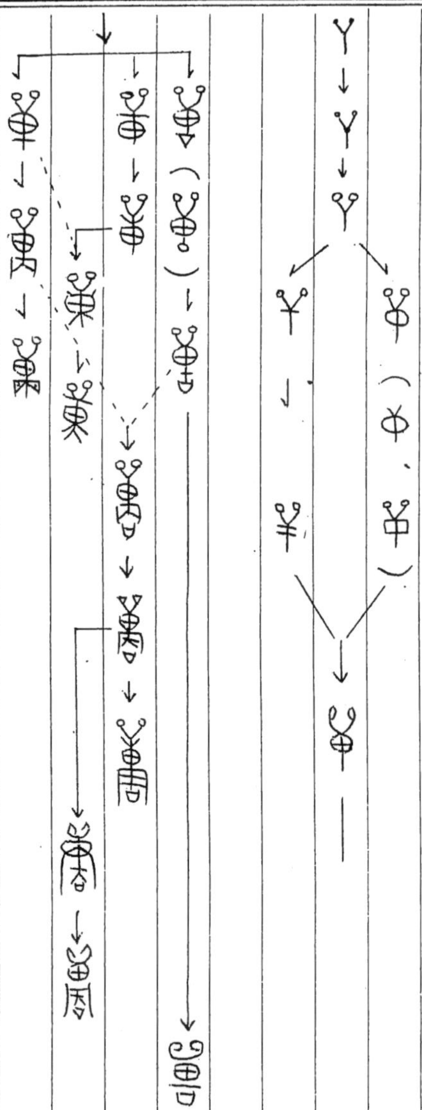

83. 戚

〔述〕

△𨔶戚　此字从𨔶字，不可識。殷虛卜辭有𨔶字（書契前編卷六第一葉），又有𨔶字（卷五第二十五葉），亦即此字。石經以𨔶為京，則疑以𨔶為高矣。書盤庚：保后胥戚，漢石經：保后胥高

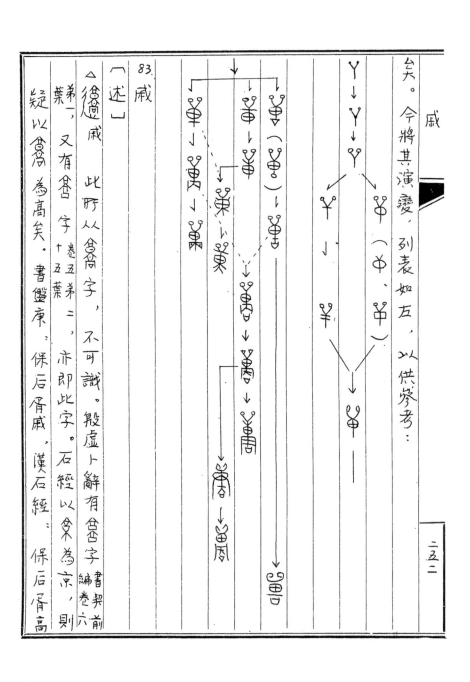

，疑古本作胥、邎，今文家讀為高，古文家讀為戚耳。古音戚在幽部，高在宵部，二部合音最近，故此字以高為聲。汗簡辵部有邎字，注云：戚，古文四聲韻戚下有邎、𨘐二文，云：並古孝經，又有𨘐、邎二文，云：並義雲章，皆此字之譌也。（王說、頁三三四五）

△于戚，戚作邎。

高字重繁書之，猶京之作亯京，從辵從高，當是古文𨘐字。說文無𨘐，而儀禮古文閾作𨘐，是古有其字矣。閾為門榍，故從辵從高，春秋則借為戚。書盤庚：保后胥戚，漢石經戚作高，是必古文作邎，伏生本誤挩為高也。胥之言疏，戚之言數，疏數對言，文義自順，而江艮庭以下句鮮字上屬，讀為高鮮，附以鮮原之義，繆矣。（章說、頁五六一七）

△邎文之戚 王國維曰：……（德修謹案：孫氏全錄王說，茲略。）（孫說、頁十一）

△王國維曰：「書盤庚『保后胥戚』，漢石經作高，疑古本作𨖍，今文家讀為高，古文家讀為戚耳。汗簡作𨖍，古文四聲韻引古孝經作𨖍，引義雲章作𨖍𨖍，皆此字之誤。」（商說、卷十、二、頁一九）

（考）說文解字十二下戉部：「戚，戉也。从戉尗聲。」（頁六下）石經文公：「公孫敖會晉侯于戚」，古文作𨖍，篆文作戚。王氏鈎稽經籍，佐以漢石經為證，謂古文本作「胥」、「𨖍」，今文家讀作「高」，古文家讀作「戚」，誠鞭辟入裡，一針見血之卓論。今考「高」、「戚」二字，古聲一在見紐，一在清紐；古韻一在二部，一在三部，二、三兩部，古合韻最近，故可通段。殷人重屋（見考工記．匠人），根據鄭州二里岡、湖北盤龍城殷宮殿遺址之復原，已足以證明殷人居所已有重屋之史實。金文有⿱亼介（爵文），（丁介羊鼎），⿱亼介（介鉦），⿱亼介（父己尊）（金文編附錄上、三二）等字，均象重屋形，（詳拙作「考工記科技思想初擇」）。石經古文从𠓜字，即象重屋形之孑遺，此增「辵」者乃緐文，亦其作方名之誼也。

84. 繇

〔述〕

△𨘋 繇 師寰𣪘有此字，器作𨘋，蓋作𨘋，其文曰：淮夷繇我貞晦臣，與兮伯吉父盤之淮夷舊我貞晦人，句法正同，蓋假繇為舊也。彔伯𣪘蓋有𨘋字，亦即此字。此又从辵，不从言，殆即遙經之遙字與。（王說，頁三三二三）

△王曰猷告爾多士，猷作𨘋，篆作繇。

此文梅本在予惟時其遷居西爾上，石經在非我下，中有缺字數十，次第不可知，古文形體亦難曉，然從肉，與繇字同；從8，猶繇之從系也；從冏，與商字下體，即冏字，亦猶繇之從言也；從辵，說文有遙字，云：行遙徑也。然則此乃遙字，從日從犬，義不可說。繇遙聲義相同，於古不別，故師讀為繇，經例鄭梅作猷者，馬皆作繇，大誥梅本猷大誥爾多邦，釋詁繇訓道，王莽大誥以大誥道為大誥繇。此繇告爾多士，即道告爾多士也。石經尚書，篆隸多從馬。（章說，頁二六－七）

△遙繇多士　王國維曰：……（德修謹案：孫氏全錄王說，所不同者末一字王本作「與」，孫本則「歟」耳。茲略。）（孫說，頁十一）

△借遙為繇。（商說，卷十二、頁二三下）

（考）說文解字十二下系部：「䌛　隨從也。从系䍃聲。」（頁十）石經多士：「王曰繇」，古文作□，篆文作䌛。王氏自金文尋索依據，章氏即字形加以解說，比合二家之言，自可窺古文繇之形構與淵源之一斑。二說均足采信。金文繇字，舍王氏所徵引者外，尚有□（散盤），□（彔伯簋、王氏引作彔伯敦，以容氏為然；且王氏所摹亦未若容本明晰，故再徵引之。），□（懋史鼎）（金文編、十二、三七）等形。字本从言□聲（□為象動物形）。於銘文時聲符已變作□形（誇大其尾），又增「肉」符示其為動物、變化其尾部作□形，金石經古文特強調其首、尾，且夫首尾分離而作□形，再至石經小篆則「肉」、「言」二符具存，唯首尾已為□取代而作□形，最後今所見許書小篆，□又从糸作□形矣。容氏庚云：「繇 發語辭，大誥王若曰猷，馬本作繇，繇說文所無，說文通訓定聲據偏旁及韻會補為繇之重文，（德修謹案：品式石經咎繇謨：「咎繇曰」、篆文作□，可徵朱氏所補不誣也。）」。彔伯簋王若曰彔伯戎繇自乍且考有捪于周邦。」（金文編、十二、三七）石經「王曰繇」與彔伯簋「王若曰繇」之句法同，其用作發語辭信然。自金文而秦篆而石經古文而石經篆文字均从「言」作、从言者即亦與語言有關，則其作發語辭真可謂有本有源歟。

85. 咺

〔述〕

△𩫖咺 說文土部：「𩫏亘」籀文垣。此假垣為咺。其右作㠯者，譌也，隸釋所載魏石經莽蔡桓侯之桓，亦作𩫖。（王說、頁三三四〇）

△元咺，咺作𩫖。從𩫏，從古文亘聲。說文未錄。或云：籀文垣作𩫏亘，比筆勢小異，然亯𩫏兩字，無誤混之理。（章說：頁四八）

△𩫖 僖廿八 垣 此與說文籀文畧同，石經假為咺字古文。（孫說頁十一下）

△古文借垣為咺。（商說、卷二、頁六）

（考）說文解字十三下土部：「垣，牆也。从土亘聲。𩫏亘，籀文垣，从𩫏。」（頁四）石經僖公：「衛元咺出奔晉」，古文作𩫖，篆文作咺。亯與𩫏為一字，（詳「庸」字條，．王國維說）；而「土」與「𩫏」[4]於偏旁中可互通，王氏國維云：「⿰𩫏亘說文解字土部垣牆也。从土亘聲。⿰𩫏亘，籀文垣，从𩫏。案𩫏古文墉，見說文土部，𩫏部則以為城𩫏字。蓋古文與篆文之異，古文自為墉字，召伯虎敦附庸作僕𩫏，皆國佐𦉜西墉作西𩫏可證也。凡籀文从𩫏之字，皆垣墉之𢊁，又其一證。」（史籀篇疏證、王觀堂先生全集冊七、頁二四四三—四）又土部「堵」字之籀文作⿰𩫏者，王氏案部鐘「堵」字與籀文同（同上）；又「城」字籀文作⿰𩫏成，王氏案「城」字虢仲敦作⿰𩫏成，虢遣生敦作⿰𩫏成，散氏盤作⿰片𩫏，均與籀文同，（同上，頁二四四五—六）。蓋古者版築成𩫏（𩫏），是故从土之字可作𩫏，而从𩫏字亦可从土也。石經古文段⿱亯亘為咺，即假垣為咺也。二上口部：「咺朝鮮謂兒泣不止曰咺。从口，宣省聲。」（頁三下）七下宀部：「宣天子宣室也。从宀亘聲。」（頁二）由是可知，垣、咺均从亘聲。凡形聲字其聲母相同者，古必同音，故可段「垣」若「⿱亯亘」為

「咺」也。至於古文所从「亘」字作𠀃形者，「亘」字本作𠀃（父丁鼎．趄字偏旁），作亘（虢季子白盤），亘（秦公簋），亘（史趄簋），亘（者沪鐘），亘（趄戈），亘（封仲簋），亘（曾姬無卹壺），亘（陳侯因資錞）（以上均為「趄」字偏旁）（金文編、二、一六）等形。金文「亘」字或省或變，可謂變化多端，然猶存其本初形貌。石經古文从亘者，即自陳侯因資錞之亘形省變而來者也。

86. 陟

〔述〕

△陟陟　與說文古文同。（王說、頁三三三五）

△陟作陟。

說文作陟，從人，此與小篆皆從𨸏。（章說、頁四二）

△陟陟君夫人鼎陟　桉說文古文作陟，匋文作陟，鉩文作陟，與此相近。（孫說、頁十二）

㈡說文古文作𨻸，汗簡引尚書同，引義雲章作𨻸。（商說、十四、十二下）

（考）說文解字十四下𨸏部：「陟　登也。从𨸏从步。𨻸　古文陟。」（𨸏一下）石經君奭：「故殷禮陟配天」，古文作陟，篆文作陟。金文「陟」字作陟（散盤），陟（沈子簋），陟（蔡侯盤）（金文編、一四、十三下）；古鉢作陟（王陟），古匋作陟（說文古籀補補、一四、四下）形。許書古文从人，與比从𨸏（𨸏）小異，當以石經為是。金文又有「降」字作降（大保簋），降（大豐簋），降（散盤）（金文編、一四、一四）形。陟、降二字，甲骨文作陟（後2.11.12），陟（後2.11.13），陟（摭續.20），陟（明藏472）；降（甲473），降（甲2383），降（前7.38.1），降（乙575）（甲骨文編、一四、五）形。自甲金文觀之，「陟」、「降」二字其義相對，其「止」（止）向上者為「陟」字，向下者為「降」字，則左側之「𨸏」旁，實非許君所訓「大陸山無石者」之義。高氏鴻縉謂「陵」字所从之「阜」或「𨸏」，無論反正繁簡，俱是獨木梯之象形文，（見中國字例二篇、頁二七〇）胡氏厚宣則謂「字的一旁象鋸，或以手持鋸」（殷代的刖刑．文史論叢、頁七四）其結論為「刖」字最早的來源，乃甲骨文有字，本象用鋸或以手持鋸斷去人的一足之形，後世輾轉錯訛，時而形聲，時而假借，在『說文』尚為尢桂，迄今則統統以刖字當之。」（同上．頁八三）高說未逢一間，胡論則發諸玄思，實涉牽強。自安陽殷墟遺址挖掘後，發現遺址中舉凡穴居之穴，皆有可陟降之階級。由此足徵「陟」、「降」二字所从之阜若𨸏形，即象古人穴居之「穴」所以上下往返之階除也。此「陟」字所以有「登」誼之理。六國古文「陟」字又在「止」與「止」間增〇形，猶「韋」字作韋形然，以示其所陟降者乃穴居之穴；而〇中每可增點，因此古文所作者中有一點。斯理也，已於本書「遠」字條言及，請互相參閱。

87. 陳

（述）

△𨻰 陳 六國時器，如陳侯午敦、陳侯因資敦、陳曼簠等均如此作。（王說、頁三三三六）

△陳皆作𨻰。說文未錄，田和區、陳猷區陳字正作𨻰。按此經陳字四見，篆皆從申，與說文合。而古文皆從田，恐非筆迹變易，由陳田同聲，故陳得從田聲耳。（章說、頁二十一一二）

△𨻰 僖卅三 陳 按金文齊陳曼簠作𨻰，陳侯午錞作𨻰，鉨文作𨻰，並與此同。（孫說、頁十二）

△說文作陳，汗簡引作陳，又引義雲章作𨻰，隸續同此。（商說、卷一四、頁一三）

（考）說文解字十四下𨸏部：「陳 宛丘舜後媯滿之所封。

从𠂤从木，申聲。𨸏古文陳。」（頁二）石經僖公：「陳人」，古文作𨻰，籀文作𨻰。金文作𨻰（陳公子甗），𨻰（陳侯鬲），从𠂤東聲；其後又增土作𨻰（齊陳曼簠），𨻰（陳猷釜），𨻰（陳貯簋），𨻰（陳侯午錞），𨻰（𨻰志盤）（金文編、一四、一四下）等形。容氏庚云：「齊陳曼簠从土，金文媯陳作敶，齊陳作塦。錢大昕曰：古讀陳如田，說文：田，陳也；齊陳後稱田氏。陸德明云：陳完奔齊以國為氏，而史記謂之田氏。是古田陳聲同。呂覽不二篇：陳駢貴齊，陳駢即田駢也。」（同上）本則石經古文「陳」字所作，與金文从土者同，當是齊陳之陳。因其用作方名，故增「土」以示誼耳。

88.甲

〔述〕

△甲 殷周古文甲皆作十，惟卜辭中殷先公上甲之甲獨作

田，从十在口中，見余殷卜辭中所見先公先王考。周時尚用此字，兮伯吉父盤之兮田，即兮甲也。其與田疇字殊者，十之橫直二畫不與其旁相接，古人以其易與田疇字混也，故多用十字，罕用田字，而十字又易與左字及七字之古文相混，乃為此甲字以別之，實則由田字轉變者也。說文木部柙之古文𠇮字，又由此字轉變，小篆之甲亦即此字。秦新郪、陽陵二虎符，均如此作。此字篆文亦然，說文篆文作甲，乃从丅，不从十，蓋六朝以後傳寫之譌矣。（王說、頁三三二八－九）

△甲作𠇮，君夫大甲亦作𠇮。

說文𠇮為古文柙，此借柙為甲。（章說、頁三三二）

△甲 無逸 君奭 此字甲骨文作田，周初文字仍之，此則由田形譌變。（孫說、頁十二）

△說文古文作𠇮，汗簡引尚書作𠇮。（商說、卷一四、頁一九下）

〔考〕說文解字十四下甲部：「甲 東方之孟，陽氣萌動。从木，戴孚甲之象。一曰人頭宜為甲，象人頭。𢆉古文甲，始於十，見於千，成於木之象。」（頁四）石經君奭：「在大甲」，古文作㕧，篆文作甲。甲字，甲骨文作十（甲870），十（佚200），十（寧滬1.14）（甲骨文編、一四．十）形，其字體通例多橫短直長，為與「七」、「在」（才）二字作橫長直短者有所別異也。合文「上甲」作田（後2.36.4），田（林1.8.14），田（鄴三下42.5），孫氏海波云：「上甲之甲，象石函形，小篆甲字，即由此形衍出。」（甲骨文編、一四、一〇）十（甲）雖在石函中，猶作直長橫短形，可知殷人書寫甲字已約定俗成臻於一致之田地。金文作十（盂角），十（頌鼎），十（元年師兌簋），又作田（穆作父甲簋），田（甲盉），田（寧遺作甲司母簋），田（兮甲盤）（金文編、一四、二一下—二）形。金文作十若田者猶承甲文之風，唯田已非「上甲」之合文，而僅「甲」字一誼而已，此與甲文異者。然則作田者與「田」字形似易混，雖在字形上「甲」字之「十」不與「口」相銜接，但在使用上仍易魚魯豕亥之誤。且夫「甲」、「田」二字音義互殊，如字形相混，其表義之功效因而相對消失。是故於「田」字字形始終不變之情況下，基於別嫌疑，則「甲」字字形自易起變化，變化之目的，旨在與「田」字有別也。因此虘彝已作□，呂白虎敦作卄（說文古籀補補、一四、六下），而六國古文「甲」字之口則作□形，十則作中形；小篆則將「十」自口延伸至外作□形。此其大較也。至於許書古文甲字與此異，愚嘗作考述（請參閱拙作說文解字古文釋形考述「甲」字條，頁一〇〇六－一〇一〇），茲略。

89 丁

△□丁　古金文作□，象釘之首，此象釘之全形，丁盾鉨作□。（王說、頁三三三六）

△左武丁時則有若甘盤，丁作▼，春秋文公經丁巳，同。

此字小篆中之則為个，銅器款識縮之則為▼。（章說、頁四二）

△▼ 丁君奭 按古鉨作▼▼ⅿ，與此同。（孫說，頁十二）

（考）說文解字十四下丁部：「个 夏時萬物皆丁實，象形。丁承丙，象人心。」（頁四下）石經君奭：「在大丁」，古文作▼，篆文作个。「丁」字甲骨文作口（甲630），●（甲2329），●（佚427），口（乙7795），○（乙8083）（甲骨文編、一四、十二）；金文作●（戊寅鼎），●（作冊大鼎），●（虢季子白盤），◎（父且丁尊），○（釐卣），○（王孫壽甗），○（者減鐘）（金文編、一四、二三）；陶文作↑（雲4.38）（陶文編、一四、九六下）；古鉨作▼（侍），▼（鐵），▼（鐵），ⅿ（攀）（古璽文字徵、一四、四），↑（魯丁）（說文古籀補補、一四、六下），▼（說文古籀三補、一四、九下），漢印◇（鐵），◇（攀），◇（潘），●（舉），●（虹）（漢印文字徵、一四．一三一四）；漢金文作◇（日有熹鏡）（金文續編、一四．一八下）等形。契文「丁」字，說解者多家，如葉氏玉森引吊、亇諸字以證其「丁」為「顛」之說，（殷虛書契前編、卷一、頁四十上）；唐氏蘭謂●象金餅，并舉「呂」字作●●形為證，（殷虛文字記、頁八○—二）；陳氏邦福云大一經謂「丁」象人心，正殷周古籀文丁字之象，（十幹形誼箋、頁四上）。此三家說，均屬擬測之詞，其非李氏孝定已批駁之，（詳甲骨文字集釋、頁四二四九—五○），茲不復贅言。吳氏其昌本朱氏駿聲「丁，鑽也，象形，今俗以釘為之，其質用金或竹。」（說文通訓定聲，說文解字詁林頁六五六八下）；徐氏灝「疑丁即今之釘字，象鐵弋形。鐘鼎古作●，象其鋪首；丁則下垂之形也……自其顛渾而視之則為●。」（說文解字注箋、同上）二家之說，進而謂「以錢大昕曰古無舌上音，但有舌頭音定律律之，則「鐕」音古正讀若「釘」，故「鐕」、「丁」、「朾」、「釘」、「鐙」，實皆一聲，而「丁」字實為古代「釘」與「針」（卽鐕）之共稱，T形實為古代「釘」與「針」之共象。究極而言之，古初實無「釘」與「針」之別異，但僅有T狀之物而已矣。」（金文名象疏證・武大文哲季刊六卷、一、二號、頁二四九）李氏孝定以為：「吳氏引朱駿聲、徐灝二氏之說，謂●象釘之鋪首，↑象釘之側視。於字之形音義及其孳乳引申之義，莫不切適。其說確不可易也。」（甲骨文字集釋、頁四二五〇）卽字形之演變而言，甲金文多自釘首視之，故楷丁字象釘之鋪首形；六國秦漢多自釘側視之，則造丁字象釘之全形。此自造字者觀察之角度有殊，以致所圖之象有異也。再自字形之發展而言，自先有○若●字，再有●若●字，後有↑若T字，至於作个形者則愈遲矣。唐氏蘭說字之本義有誤，言字形之發展今徵諸前引甲骨、金文、匋文、古鉥等形則是也。綜觀上述，石經古文「丁」

字識如王氏所云：「象釘之全形，自是不刊之論。」

90.戌

〔述〕

△咸　戌　戌字作咸，从口，殷周古文均未之見。白虎通姓名篇：「殷家於臣民，亦有得以生日名子，何？不使，亦不止也。以尚書道殷臣有巫咸，有祖己也。」王氏引之據此，謂「今文尚書巫咸當作巫戌。今此大戌作大咸，則巫戌或本作巫咸，因譌為巫咸，古文今文殆無異也。」然殷虛卜辭有咸戌，是其人本名咸戌，故或云巫咸，或云巫戌，非因咸戌二字互譌而然。此大戌作大咸，然反涉下文巫咸而誤也。（王說，頁三三三四－五）

△大戌，戌作咸。

從口，從戌聲，蓋別是一字，借聲為戌，說文未錄。（章說，頁四五）

△（戊君奭）石經戊字，从口蓋誤。（孫詒，頁十二）

（考）說文解字十四下戊部：「，中宮也，象六甲五龍相拘絞也。戊承丁，象人脅。」（頁五）石經君奭：「在大戊」，古文作，篆文作。「戊」字甲骨文作（甲903），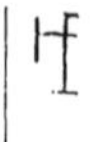（鐵2163），（菁3.1），（乙8151），（甲3940），（存2713）（甲骨文編，一四，一二）；金文作（司母戊鼎），（[illegible]且戊卣），（且戊鼎），（榮子盉），（且戊簋），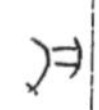（癸母戈鬲），（趞簋），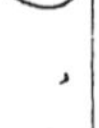（不嬰簋），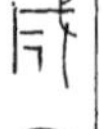（陳猷釜），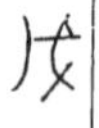（酓肯簠）等形。吳氏其昌謂戊字象斧形，（金文名象疏證兵器篇，武大文哲季刊五卷三號，頁五一四一五）；郭某以為戊象斧鉞之形，蓋即戚之古文，（甲骨文字研究下冊，釋干支，頁九下）；葉氏玉森謂戊亦古兵，（殷虛書契前編集釋、卷一，頁十二下）；李氏孝定曰：「契文、金文戊字皆象兵器之形，其形製當與戊、戚之屬大同而小異。」（甲骨文字集釋，頁四二五四）是也。

準此，「成」字从戌，甲文作□（前5.10.5），□（續6.13.7），□（摭續1）；又有从戌从丁之字作□（甲3048），□（乙1904），□（粹173），□（前1.44.3），□（鄴二下35.15）（甲骨文編，一四・十二下一三）形，孫氏海波釋此字為「成」字，并謂：「此字从戌从丁，與从口之咸字有別，□成□即成湯之廟號。」（同上）李氏孝定亦謂契文「咸」作□，「成」作□，其別至微；□字从戌从丁，當釋「成」，其言曰：

△乙亥卜爭貞求于成十年。（前1.44.2）

△癸酉卜出于成六月。（前1.44.1）

△口貞出卜口成口宰。（後上9.9）

△口酒于成。（甲1.13.17）

△貞出于成。（甲2.3.1）

成當即殷之先王成湯卜辭，稱唐亦稱成也。友人張秉權兄見告丙篇四一片辭云：「翌乙酉出伐于五示上甲成（□）大丁大甲且乙。」成之位置在上甲之後，大丁之前，自非成湯莫屬也。「咸」之與「成」，一从口，契文作「日」；一从丁，契文作「口」，篆文之別甚著，而卜辭之別甚微，宜加明辨也。又前一、四、三辭云：「出于成，出于大丁，出于大甲，𠭯于且乙。」成之地位正與大乙相當，（見甲骨文字集釋，頁三七二一—三反四二五八）。李氏所謂「成」字，當从孫說从戊从丁，而非从戌从丁也；蓋𠀠即戊字（亦即戊字），前引金文既作𠀠又作戉若戉形可徵。李、孫二氏釋戌為「成」字，其說若然，則石經古文正从戌从丁，亦即「成」字，大咸即大成，尚書君奭云：

「我聞在昔，成湯既受命，時則有若伊尹，格于皇天。在太甲，時則有若保衡。在太戊，時則有若伊陟、臣扈，格于上帝；巫咸，乂王家。」（尚書今註今譯，頁一四三）

依殷代王室世系圖（甲骨學六十年，頁七三），則書經字作大戊不誤；而石經古文作咸者，如據王氏諸文而誤說，則當云涉上文「成湯」而誤，而非涉下文「巫咸」而誤也。由是可知以涉文而誤說為石經古文作注腳，未必可信。疑寄若咸者，字當从丁戊聲，古文叚「成」為「戊」；古文字中，凡同聲母者，古必同音，故可以叚借。古代人名多叚借，而此「大戊」而作「大成」者，即其一例，章說甚確。

91. 癸

△[illegible]癸 此字殷周古文並作[illegible]，無如是作者。（王說、頁三三四四）

△癸巳，癸作[illegible]。與說文筆勢小異。（章說、頁五五）

△[illegible]癸 僖廿三 桉甲金文癸字俱作[illegible]。（孫說、頁十二下）

（考）說文解字十四下癸部：「[illegible] 冬時水土平，可揆度也。象水從四方流入地中之形。癸承壬，象人足。[illegible]籀文从癶从矢从矢。」（頁六）石經僖公：「癸巳」，古文作[illegible]，篆文作[illegible]。「癸」字，甲骨文作[illegible]（菁3.1），[illegible]（寧滬2.56），[illegible]（甲2337），[illegible]（存2742），[illegible]（林1.15.3）（甲骨文編，一四，一五）；[illegible]（父癸鼎），[illegible]（解文），[illegible]（癸[illegible]卣），[illegible]（婦闟卣），[illegible]（保癸𣪘），[illegible]（[illegible]弔簠），[illegible]（鄦公簠），[illegible]（鄀公鼎）（金文編，一四，二九）；古鉨作[illegible]（待），[illegible]（鼓）。（古璽文字徵，一四，五），[illegible]（說文古籀補補，一四，七下）；古匋作[illegible]（楚城遷口里癸），[illegible]（周421），[illegible]（周47.2），[illegible]（善15.9）（陶文編，一四，九八）等形。

癸字，羅氏振玉以為：「[illegible]乃[illegible]之變形，[illegible]字上象三鋒，下象著物之柄，與鄭誼合。[illegible]乃戣之本字，後人加戈耳，（見初版金文編，卷一四，頁一七引）；從其說者有郭某及李氏孝定（見甲骨文字研究下冊，釋干支，頁一七下—一八上，甲骨文字集釋，頁四三〇六—一七）。葉氏玉森从饒氏炯說，謂癸為葵之古文，象四葉對生形，（殷虛書契前編集釋，卷一，頁一一）；吳氏其昌謂本義為矢，乃僂「矢」文揆之形，（金文名象疏證兵器篇，武大文哲季刊，卷六，一，二號，頁二一六）；陳氏邦懷本大一經謂癸，象人足，正合殷周古籀之象，（見十幹形誼箋，頁八）。以上各家，何者為然，待考。「癸」字之朱與✕當為二系，而✕是否即是戣之古文，亦尚待考證。字在甲文一至四期均作✕形，迨第五期始作✕形，（見干支字五期演變表，甲骨學六十年，頁一〇〇附頁）。謝一民師本章氏太炎文始癸即揆字說，進而謂字象伸張兩手，四方度量之象。从四手（十又）會意。甲文从又諸字，手形均作十，則可證✕字之形从四手也，（見說文解字箋正，頁三〇九）。師說「癸」字僅符合第五期作✕形者，但無以解說前四期作✕形之結構也。金文癸字之發展與甲文當是相同，唯金文有作[illegible]若[illegible]形者。前者實本朱形發展而來，其下之木形，係受朱之同化作用，因此作[illegible]形矣。至於作𦃃者，則自𢆶而來，作直線者可曲柔之而成ㄩ，故字作𦃃形，因受ㄩ之同化作用，則人亦可曲柔ㄨ，故字又可作𦃃形。作ㄨ者又可交叉為之而成ㄨ形，則字又可作𦃃形，此即石經古文所自昉。于古文上半之𢆶形易訛從「止」作𣥂形，於而諸作𡭊，此為石經篆文、許書籀文作𦃃形之所本也。

92. 丑

〔述〕

△𠀉丑 此字以篆文為正。（王說，頁三三三九）

△癸丑，丑作𠀉，己丑同。從爪從又相持。（章說，頁四七）

△𠀉 僖廿八丑 此與說文篆文略同。（孫說，頁十二下）

〔考〕說文解字十四下丑部：「丑，紐也。十二月，萬物動，用事。象手之形。時加丑，亦舉手時也。」（頁七）石經僖公：「己丑」，古文作𠀉，篆文作丑。丑字，甲骨文作丑（菁3.1），丑（鐵215.3），丑（拾1.3），丑（甲2327），丑（掇2.49），丑（拾2.9）（甲骨文編、一四、一六下—七）；金文作丑（大豐簋），丑（競卣），丑（拍敦蓋），丑（令簋），丑（作冊大鼎），丑（鄀公簠），丑（同簋），丑（欒書缶）（金文編一四、三三）；漢印作丑（設），丑（舉），丑（舉）（漢印文字徵、一四、一七下）等形。郭某謂字象爪之形，當即古「爪」字，（甲骨文字研究，下冊，釋干支、頁二二）；葉氏玉森謂字實象手形，其指或屈或伸，似即手之古文，後借為支名專用，別造手字（殷虛書契前編、卷一、頁三四）；李氏孝定綜合各家之說，其言曰：契文象手形，許說象手之形，與古誼合。郭謂當是「爪」字非是。葉謂是手之古文，乃本許說是也。手字叚為支名，漸為所專，遂別造手字，及後遂衍為二字，然「手」、「丑」音韻全同也（甲骨文字集釋、頁四三三六）。考「手」書九切審紐有韻，「丑」字敕久切徹紐有韻，古音均在透紐三部，李氏謂手、丑音韻全同，其說可从。「丑」字為與「手」字有別，自然字形亦曰益分歧，即甲文所作□，則「丑」字，屈其指，正所以別於「又」字。迨金文為強調其形為屈指，故作□若□若□若□形。而石經古文所作正與甲金文一脈相承。析言之，□形實自□蛻變而來，其將二二筆趨出□外，即成□形；而作□者，則自隸書去作十形者屈柔而成者也。凡古文字可在直線上增點，點則可展延成線，線又可曲柔成□形矣。此石經古文作□形之來由。石經篆文與同篇作□形者近似，而許書小篆則將其連成線而作□形矣。

975 酉

△酉 酒 商周古文均以酉為酒。（王說，頁三三二七）

△酒作酉。

・說文酉部所錄，皆酒之事，恐古文酒但作酉，字象尊形

。近代所得毛公鼎云：毋敢口于酉，盂鼎云：雩殷正百辟率肆于酉，然盂鼎疑僞作。（章說、頁二九）

△酉 無逸 酗 校匋文作酉與此同。（孫說、頁十二下）

△說文古文作丣，許簡引作丣。（商說、卷一四、頁二九下）

△酒古文不从水，金文同，酉字重文。（同前、頁三〇）

（考）說文解字一四下酉部：「酉 就也。八月黍成可為酎酒，象古文酉之形。丣古文酉从卯，卯為春門，萬物已出；酉為秋門，萬物已入，一閉門象也。」（頁八下）又：「酒 就也。所以就人性之善惡。从水从酉，酉亦聲。一曰造也，吉凶所造也。古者儀狄作酒醪，禹嘗之而美，遂疏儀狄。杜康作秫酒。」（頁八下）石經無逸：「酗于酒德才」，古文作酉，篆文作酒。酉字，甲骨文作酉（乙6277），[illegible]（鐵25.4），酉（甲2907），酉（乙9021），酉（寧滬2.56），（甲骨文編、一四，二一下一二二）；金文作酉（酉父癸尊），酉（酉酉），酉（天君鼎），酉（毛公鼎），酉（國差𦉜），酉

（金文編、一四、三七）；古鉨作酉（右酉龍）（說文古籀補補、一四、八下）；古匋作酉（同上）等形。林氏義光謂古「酒」字作酉形，「酉」本義即為酒，象釀器形，酒所容也，（文源、卷二、頁十二）；郭某謂古十二辰第十位之「酉」字，實象瓶尊之形，古金文及卜辭每多假為「酒」字（甲骨文字研究，下冊，釋干支，頁三十一）；王氏國維曰：酉象尊形，（甲骨文字集釋、頁四三九二引）；李氏孝定以為古文酉，實酒尊之形，上象其頸及口緣，下象其腹，有花紋之形。許書酉、酒並訓就，猶存二者之密切關係，（同上，頁四三九四）。以上諸說均是，尤以李說為詳盡。甲金文酉字多像尖底，蓋自新石器時代西安半坡尖底瓶發展而來。斯時半坡人（六千年前左右）自高處往河底汲水，因其底尖易沒入水中，設計者蓋自此觀點而設計。且夫「這種形狀的水器頗適合游牧生活，因為口小，液體（水或乳）不易潑出，器口也容易堵塞，同時頸、腹上的半環耳還可拴繫繩索，成長袋狀便於攜帶，它極不適於站立。」（中華歷史文物上冊，頁二二）今甲金文「奠」字觀之，奠之本義將此類尖底瓶植立於地上也。是種容器本為初民生活所不可或缺，是故至為普及；而「酒」亦為古人日常生活與祭祀所必需，故以是類尖底瓶釀酒或貯存，固理所當然。然則「酒」為液體既無象形，又不能指事；是故甲骨金文因而寫實之，僅圖其所盛者形狀也，於六書屬本無其字之段借。綜之，「酉」本象酒器形，借以表示酒誼，此即李代孝定所謂：「古文每多段酉為酒，酉本酒器，且聲亦相近也」（同前）者然。酒為液體，難以名狀，故借實體之容酒器以象徵其義；有若盛酒，以實盛之器表之。其後，「酉」為借義干支之第十位所專，久段不歸，人亦久已淡忘其初形本義，因增「水」旁為義符，以造「酒」字，亦其所實者為可就食之液體，此「酒」字構成之始末也。石經古文正象容酒器之形，唯酉內作三橫畫，與甲金文精異耳，古文字中表示花紋或紋飾之線條，每多寡不拘，繁媾無定也。

94 配

〔述〕

△䣩 配 毛公鼎配字如此，說文从己失之。（王說，頁三三三六）

△配作䣩，篆文亦作䣩。

說文配訓酒色，從酉，己聲。己非配聲，本可疑。此古文、小篆皆從㔾，㔾者色之省，與訓酒色相應，為會意字。齊侯鎛鐘：不顯穆公之孫，其配口公之妣，配字作𨠊，宗周鐘：司配皇天，配字作𨠊，並從巴，此類篆文，依古為正。然石經亦閒有倍篆，如告字古文明從牛，篆乃作告，則有所不當者也。（章說，四三）

△䣩君夷 配 校毛公鼎作𨠊从㔾，與此同。（孫說，頁十二下）

〔考〕說文解字十四下酉部：「配，酒色也。从酉己聲。」

配

〔頁九〕石經君奭：「故殷禮陟配天」，古文作䣆，篆文作配。配字，甲骨文作䣆（續存上244）（甲骨文字集釋、頁四四〇九），䣆（金553），䣆（存2244），䣆（京都）（甲骨文編、一四、二二）；金文作䣆（毛公鼎），䣆（㝬鐘），䣆（拍敦蓋），䣆（蔡侯盤）（金文編、一四、三七下）。孫氏海波、容氏庚于甲金文下均謂字从卩，（同上）；吳氏大澂謂䣆古配字，从酉从卩。毛公鼎：配我有周膺受天命，（說文古籀補、一四、九二）；林氏義光以配為酒色無考，己亦非聲。古作䣆（毛公鼎），又不从己，配當與肥同，从人在酒旁，與肥在肉旁同意，肥配古同音。（文源）；高田忠周氏謂今依金刻文字皆从卩，不从己也。蓋字義為酒色，色有卩也，故从人卩，配古文从卩，猶从色也。此亦會意字。（古籀篇、卷七十六、頁三六）。卩本象人跽跪之形，與己字絕異。而甲金文字均从酉从卩，諸家所言是也。石經古文所作亦从酉从卩，唯卩中嘗點作㔾形，然其本非从「己」

聲，則可斷言。蓋石經僖公：「冬己卯」，「己」字古文作𢀓形（石刻篆文編、一四、二二），可徵。許書从「己聲」者，或誤認古文所从之𢀓形為「己」，蓋其近似故也。許君又於形「从己」不可說，而以「形聲」說出之耳。首先指出其誤者為段氏若膺，其言曰：

「己，非聲也。當本是妃省聲，故叚為妃字，又別其音妃，平配去。」（說文解字注、十四下、三六）

段氏未見甲金文，故有此曲解，然其謂「己，非聲也」，則是創見。「配」字甲金文均从酉从卩，猶「既」字从皀从卩者然，蓋就酒而食之誼，（五下皀部：「既，即食也。从皀卩聲。」），此其本義也；引申之而有「合」誼。許氏訓作「酒色」，殆借義耳，非其本義明矣。

——竟——

□參考資料□

△魏正始石經殘石考・王氏國維・收在王觀堂先生全集册九
文華

△新出三體石經攷・章氏太炎・收在章氏叢書續編・世界

△魏三字石經集錄・孫氏海波・北平大業

△石刻篆文編・商氏承祚・世界

△日本岩崎氏靜嘉堂藏宋本說文解字・許氏愼・藝文

△說文解字注・段氏玉裁・藝文

△說文解字詁林・丁氏福保・商務

△說文疑疑・孔氏廣居・（收在說文解字詁林內）

△說文闕義箋・丁氏山・中研院史語所傅斯年圖書館珍藏手
稿善本

△說文解字箋正・謝師一民・蘭臺

△書契淵源・日人中島竦氏・臺大中文系第十研究室藏

△說文繫傳・徐氏鍇・清道光十九年祁氏刻本

△說文古籀補・吳氏大澂・藝文

△說文古籀補補・丁氏福保・藝文

△說文古籀三補・強氏運開・藝文

△說文中之古文攷・商氏承祚・刊在金陵學報內

△說文古文疏證・舒氏連景・商務（東海大學藏本）

△說文解字古文釋形考述・邱德修・學生

△積微居小學述林・楊氏・大通

△新定說文古籀考・周氏名煇・文海

△史籀篇疏證・王氏國維・王觀堂先生全集冊七　文華

△說文通訓定聲・朱氏駿聲・藝文

△上古六書學・邱德修・待刊

△初版金文編・容氏庚・收在說文解字詁林內

△金文編・容氏庚・聯貫

△金文續編・容氏庚・聯貫

△三代吉金文存．羅氏振玉．明倫

△商周金文錄遺．于氏省吾．明倫

△韡華閣集古錄跋尾．柯氏昌濟．華文

△散盤集釋．高氏鴻縉．師大學報二期

△頌器考釋．高氏鴻縉．師大學報四期

△金文詁林．周氏法高．香港中文大學

△保卣銘的時代與史實．黃氏

△保卣銘略釋．平心

△保卣考釋．蔣氏

△金文名象疏證兵器篇．吳氏其昌．武大文哲季刊．學生

△讀金器刻詞．馬氏衡．中華書局

△金文叢攷．郭某．明倫

△綴遺齋彝器款識考釋．方氏濬益．涵芬樓影印本

△愙齋集古錄．吳氏大澂．涵芬樓影印本

△兩周金文辭大系．郭某．大通

△善齋彝器圖錄．容氏庚．哈佛燕京社
△積微居金文說．楊氏．大通
△積微居小學金石論叢．楊氏．大通
△金文選讀．孔師德成．藝文
△積古齋鐘鼎彝器款識．阮氏元．藝文
△古籀餘論．孫氏詒讓．華文
△奇觚室吉金文述．劉氏心源．藝文
△毛公鼎斠釋．張氏之綱．永嘉張氏上海排印本
△上海博物館藏青銅器附冊．河洛
△殷契鉤沈．葉氏玉森．學衡二四期
△殷虛書契前編集釋．葉氏玉森．藝文
△甲骨文字集釋．李氏孝定．中研院史語所
△殷虛書契補釋．柯氏昌濟．收在「集釋」內
△簠室殷契徵文考釋．王氏襄．收在「集釋」內
△卜辭姓氏通釋之一．魯實先先生．東海學報一卷一期

△殷契粹編考釋．郭某．大通

△甲骨文所見氏族及其制度．丁氏山．大通

△武丁時代五種記事刻辭考．胡氏厚宣．收在甲骨學商史論叢初集．大通

△殷契綴存．曾氏毅公．收在「集釋」內

△跋李棪齋先生綴合的兩版「用侯屯」牛骨卜辭．屈師萬里．原刊大陸雜誌二十一卷三期．收在學庸論學集．頁四三三—四〇內

△殷契舉例．孫氏詒讓．收在孫籀廎先生集．藝文

△增訂殷虛書契考釋．羅氏振玉．藝文

△殷虛書契考釋小箋．陳氏邦懷．收在「集釋」內

△（舊本）甲骨文編．孫氏海波．藝文

△甲骨文編．孫氏海波．藝文

△續甲骨文編．金師祥恆．臺大

△殷契瑣言．陳氏邦福．民國二十三年四月石印本

△殷契新詮之三．魯實先先生．幼獅學報四卷一、二期

△卜辭通纂．郭某．東京文求堂

△殷契佚存考釋．商代承祚．金陵大學

△甲骨文字研究．郭某．上海大東書局

△說契．葉氏玉森．學三十一期

△卜辭求義．楊氏．大通

△殷虛卜辭綜述．陳氏夢家．大通

△卜辭中所見之殷曆．董氏作賓．刊安陽發掘報告第三期

董作賓學術論著上冊．世界．

△甲骨文斷代研究例．董氏作賓．中研院史語所集刊外編第

一種．又收在董作賓學術論著上冊．世界

△殷虛文字記．唐氏蘭．藝文

△甲骨學六十年．董氏作賓．藝文

△鐵雲藏龜．劉氏鶚．藝文（簡稱鐵）

△鐵雲藏龜之餘．羅氏振玉．香港書店．（簡稱餘）

△戩壽堂所藏殷虛文字．王氏國維．藝文（簡稱 戩）

△龜甲獸骨文字．日人林泰輔氏．藝文（簡稱 林）

△殷虛書契前編．羅氏振玉．藝文（簡稱 前）

△殷虛書契菁華．羅氏振玉．羅氏自刊本（簡稱 菁）

△殷虛書契後編．羅氏振玉．藝文（簡稱 後）

△殷虛書契續編．羅氏振玉．藝文（簡稱 續）

△鐵雲藏龜拾遺．葉氏玉森．香港書店（簡稱 拾）

△天壤閣甲骨文存．唐氏蘭．輔仁大學叢書之一（簡稱 天）

△福氏所藏甲骨文字．商氏承祚．香港書店（簡稱 福）

△簠室殷契徵文．王氏襄．天津博物院（簡稱 簠）

△殷契卜辭．容氏庚．瞿氏潤緡．藝文（簡稱 燕）

△殷契粹編．郭某．大通（簡稱 粹）

△殷契佚存．商氏承祚．金陵大學．（簡稱 佚）

△鄴中片羽．黃氏濬．北平尊古齋（簡稱 鄴）

△誠齋殷虛文字．孫氏海波．北京修文堂（簡稱 誠）

△柏根氏舊甲骨文字．藝文（簡稱 柏）
△甲骨文錄．孫氏海波．河南通志館（簡稱 河）
△殷虛文字甲編．董氏作賓．中研院史語所（簡稱 甲）
△殷虛文字乙編．董氏作賓．中研院史語所（簡稱 乙）
△殷虛文字丙編．張氏秉權．中研院史語所（簡稱 丙）
△卜辭通纂別錄之二．郭某．日本文求堂（簡稱 通別二）
△殷契遺珠．金氏祖同．上海中法文化出版委員會（簡稱
珠）
△殷契摭佚．李氏旦丘．來薰閣書店（簡稱 摭）
△龜卜．金氏祖同．上海溫知書店（簡稱 龜）
△殷契拾綴一、二集．郭氏若愚．來薰閣書店（簡稱 綴）
△殷契摭佚續編．李氏亞農（簡稱 摭續）
△戰後京津新獲甲骨集．胡氏厚宣．群聯（簡稱 京津）
△甲骨續存．胡氏厚宣．群聯（簡稱 存）
△甲骨文零拾．陳氏邦懷（簡稱 陳）

△京都大學人文科學研究所藏甲骨文字、貝塚茂樹氏・京都
大學人文科學研究所（簡稱 京都）
△殷虛卜辭・明義士氏・自寫石印洋裝本（簡稱 明）
△庫方二氏所藏甲骨卜辭・查凡爾氏摹・商務（簡稱 庫）
△金璋所藏甲骨卜辭・藝文（簡稱 金）
△甲骨卜辭七集・方法斂氏摹・白瑞華氏校・美國紐約出版
（簡稱 七）
△甲骨六錄・胡氏厚宣・成都華西霸（簡稱 六錄）
△戰後寧滬新獲甲骨集・胡氏厚宣・來薰閣書局（簡稱 寧
滬）
△戰後南北所見甲骨錄・胡氏厚宣・來薰閣書店（簡稱 南
北）
△殷虛文字外編・董氏作賓・藝文（簡稱 外）
△傳古別錄第二集・羅氏福成（簡稱 古）
△璽印文字徵（包函：古璽文字徵・漢印文字徵）羅氏福頤

頤・藝文

△陶文孴錄・顧氏廷龍・文海

△陶文編・金師祥恆・藝文

△古器物中楚文之研究・金師祥恆・國科會藏稿

△長沙仰天湖出土楚簡研究・史氏・群聯

△The Chu Silk Manuscript — Translation and Commentary — by Dr. Noel Barnard. Published by The Australian National University.

△字說・吳氏大澂・藝文

△文始・章氏太炎・中華

△文源・林氏義光・收在說文解字詁林內

△古籀篇・日人高田忠周・宏業

△殷周文字釋叢・朱氏芳圃・學生

△汗簡・郭氏忠恕・藝文

△說文解字注序・王氏念孫・藝文

△釋由・王氏國維・定本觀堂集林卷六・世界

△釋屯・于氏省吾・殷契駢枝・藝文

△說异・李氏孝定・中研院史語所集刊三四本下冊

△璞堂雜識・聞氏一多・在聞一多全集內

△明堂寢廟考・王氏國維・初本觀堂集林卷三

△釋千・戴氏家祥・國學論叢一卷四期

△釋史・王氏國維・定本觀堂集林卷六・世界

△釋余・聞氏一多・在聞一多全集內

△釋夏釋桀釋乙・戴師君仁・中國文字冊十三

△詩三百篇成語零釋・屈師萬里・臺大文史哲學報四期

△古文字試釋・勞氏榦・中研院史語所集刊四〇期上冊

△釋辥・王氏國維・定本觀堂集林卷六・世界

△鬼方昆夷玁狁考・王氏國維・同前・卷十三

△名原・孫氏詒讓・在孫籀廎先生全集內・藝文

△中國古文字裡所見的人形・霍布斯金氏・中山大學語言歷史研究所週刊卷六・文海

△甲骨文字中乂文之研究．聞氏宥．同前．十一集

△殷代的刖刑．胡氏厚宣．文史論叢

△十榦形誼箋．陳氏邦福．在「集釋」內

△說來解麥．邵德修．中華文化復興月刊五卷六期

△解朝．邵德修．同前　五卷四期

△帚示說．董氏作賓．中研院史語所安陽發掘報告第四冊

△中國字例．高氏鴻縉．師大出版組

△古文四聲韻．夏氏竦．光緒壬午碧琳瑯館藏版

△古文聲系．孫氏海波．古亭

△廣韻．陳氏彭年等．廣文

△六書音韻表．段氏玉裁．藝文

△中國聲韻學通論．林師景伊．世界

△蘄春黃氏古音說．謝師一民．嘉新

△古音學發微．陳師伯元．嘉新

△十三經注疏．阮氏元刻本．藝文

△周易王韓注．新興

△毛詩鄭箋．新興

△細說史前中國．黎東方博士．仙人掌

△殷曆譜．董作賓．中研院史語所

△古史考存．劉氏節．香港太平書局

△中國古代宗族移殖史論．劉氏節．正中

△古史零證．周氏谷城．東海大學藏書

△殷商氏族方國志．丁氏山．在「集釋」內

△尚書今註今譯．屈師萬里．商務

△荀子集解．王氏先謙．世界

△中華歷史文物．袁德星先生．河洛

△考工記科技思想初探．邱德修．未刊

△秦漢金文錄．容氏庚．樂天

△新鄭虎符的再現．侯氏錦郎．故宮季刊十卷一期

國家圖書館出版品預行編目資料

魏石經古文釋形考述

邱德修著. – 初版. – 臺北市：臺灣學生，1977.05
面；公分

ISBN 978-957-15-1840-4(平裝)

1. 石經 2. 研究考訂

794.67 109015833

魏石經古文釋形考述

著 作 者 邱德修
出 版 者 臺灣學生書局有限公司
發 行 人 楊雲龍
發 行 所 臺灣學生書局有限公司
地 址 臺北市和平東路一段75巷11號
劃撥帳號 00024668
電 話 (02)23928185
傳 真 (02)23928105
E-mail student.book@msa.hinet.net
網 址 www.studentbook.com.tw
登記證字號 行政院新聞局局版北市業字第玖捌壹號
定 價 新臺幣五〇〇元

一九七七年五月初版
二〇二二年六月初版二刷

79401

ISBN 978-957-15-1840-4 (平裝)